Ils ont tué l'histoire-géo

Directeur de collection :
Paul-François Paoli

10, rue d'Uzès 75002 Paris
www.bourin-editeur.fr

Laurent Wetzel

Ils ont tué l'histoire-géo

François
Bourin
Editeur

« Quand tout se remue également, rien ne se remue en apparence, comme en un vaisseau. Quand tous vont vers le débordement, nul n'y semble aller. Celui qui s'arrête fait remarquer l'emportement des autres, comme un point fixe. »

Blaise Pascal, *Pensées*
(382, éd. Léon Brunschvicg)

Avant-propos

L'enseignement de l'histoire – comme celui de la géographie et de l'éducation civique – est en danger.

Je ne suis peut-être pas le plus mal placé pour m'exprimer sur ce sujet.

Durant ma scolarité au lycée Claude-Bernard de Paris, j'ai eu la chance d'avoir de très bons professeurs d'histoire et de géographie. Parmi eux, en classe de troisième, Louis Poirier – *alias* Julien Gracq –, qui savait rendre vie au passé et donner consistance aux paysages. En hypokhâgne et en khâgne, au lycée Louis-le-Grand, Bernard Lévy – le futur BHL – et moi, qui sortions de terminale scientifique (*math élém*), nous disputions le premier prix d'histoire. En 1969, j'ai été reçu à l'École normale supérieure (ENS) de la rue d'Ulm en obtenant à l'oral d'histoire contemporaine la meilleure note de ma promotion devant Alexandre Adler : Maurice Agulhon me l'a attribuée après m'avoir interrogé sur « L'impôt en France sous la Révolution et l'Empire » et sur Léon Blum. J'y ai suivi les cours d'histoire médiévale de Georges Duby et de Jacques Le Goff. En 1971, René

Rémond a dirigé mon travail de maîtrise portant sur « Les officiers français et l'indépendance du Maroc de 1943 à 1956 ».

Comme jeune agrégé d'histoire, j'ai enseigné au lycée technique de Gennevilliers, dans des collèges de quartiers défavorisés des Mureaux et de Mantes-la-Jolie, au lycée Louis-le-Grand et au lycée Marcel-Roby de Saint-Germain-en-Laye. En 1977, Jacques Chapsal, directeur de l'Institut d'études politiques (IEP) de Paris, m'a confié, à la demande de René Rémond et de Raoul Girardet, l'animation d'une conférence d'histoire contemporaine pour la préparation à l'École nationale d'administration (ENA). En 1985-1986, Philippe Nemo m'a sollicité pour assurer un cours d'histoire politique de la France à l'École supérieure de commerce de Paris (ESCP).

En 1988, lorsque j'ai postulé pour devenir inspecteur d'académie à compétence pédagogique, Pierre Magnin, recteur de l'académie de Versailles, a estimé ma candidature fondée : « La vaste culture et le champ de compétences de monsieur Wetzel ajoutent à ses qualités pédagogiques qui sont de premier ordre. Il convient donc parfaitement au profil de la fonction qu'il brigue et pour laquelle il peut être considéré comme excellent. » En 1990, j'ai été titularisé inspecteur d'académie - inspecteur pédagogique régional (IA-IPR) d'histoire-géographie dans l'académie de Reims. Après avoir été détaché plus de quatre ans dans des fonctions électives, je suis redevenu IA-IPR dans les académies de Reims, Rouen, Créteil et Versailles.

Mon métier d'IA-IPR consistait essentiellement à inspecter, évaluer et conseiller les professeurs enseignant l'histoire, la géographie et l'éducation civique dans les collèges et lycées publics et privés sous contrat. Il constituait pour moi, après le professorat, un excellent poste d'observation.

Retraité depuis peu, je suis délié de mon « devoir de réserve » et je souhaite dès maintenant donner l'alerte, tant sont grands les périls qui menacent aujourd'hui l'enseignement de ces disciplines auxquelles j'ai consacré l'essentiel de ma vie.

PREMIÈRE PARTIE

Des nouvelles alarmantes

1

L'histoire et la géographie en terminale scientifique

Il y a presque un siècle et demi, en 1863, à la demande de Napoléon III, Victor Duruy, à peine nommé ministre de l'Instruction publique, rendait obligatoires les « études historiques » en classe terminale et publiait un programme détaillé qui incluait l'histoire très contemporaine - par exemple, « l'expédition du Mexique avec la prise de Puebla et l'occupation de Mexico » -, et une esquisse de géographie économique. Il justifiait sa décision par l'instruction suivante envoyée aux recteurs :

« Je vous adresse le programme pour le nouveau cours d'histoire institué dans la classe de philosophie, et qui doit s'étendre depuis 1789 jusqu'à nos jours, afin que ceux qui, dans quelques années, feront les affaires du pays sachent de quelle manière ce pays a jusqu'à présent vécu. [...]

Notre histoire ne s'explique bien qu'à la condition d'étudier celle des autres. En outre, les diverses nations de l'Europe, même du monde, deviennent solidaires. Il faut mêler leurs annales, comme elles mêlent leurs intérêts.

Tant que la guerre et les grandes intrigues de cour ont été la grande affaire des sociétés, Machiavel et l'histoire-bataille suffisaient. Aujourd'hui il faut autre chose. Les faits économiques ont pris une trop grande place dans notre société pour que l'histoire puisse les négliger, si elle veut rester ce qu'elle doit être : le trésor de l'expérience humaine et la maîtresse de la vie, *magistra vitae*. [...]

Grâce à cet enseignement, nos élèves, en sortant du lycée, ne tomberont plus dans l'inconnu. Nous leur aurons montré le terrain où, jusqu'à cette heure, ils marchaient sans guide, et nous les aurons mis en état de comprendre les événements au milieu desquels la vie sérieuse vient les surprendre. Jeter un jeune homme dans la cité sans lui avoir rien dit de l'organisation et des nécessités qu'il y rencontre, c'est comme si l'on jetait dans la bataille un chasseur à pied avec l'armement des francs-archers de Charles VII. Vous connaissez le but de ce cours : éclairer la route où nos enfants s'engagent en devenant hommes ou citoyens. [...]

L'histoire stimule les timides en leur faisant voir les nécessités impérieuses des choses, et elle calme les impatients en leur prouvant que rien de durable ne s'improvise, et qu'il faut en tout l'aide du temps, ce puissant maître, comme dit un des nôtres, le vieil Eschyle[1]. »

Ce texte n'a pas pris une ride.

À l'époque, la seule classe de terminale était celle de philosophie. Cette obligation a été étendue à celle de mathématiques élémentaires en 1890, avec un

1. Circulaire du 24 septembre 1863, *Circulaires et instructions officielles relatives à l'instruction publique, Ministère de Son Excellence M. Duruy, années 1863-1869*, typographie de Jules Delalain, imprimeur de l'Université de France, 1870, p. 25-28.

programme d'histoire couvrant la période 1789-1889. En 1905, Jean-Baptiste Bienvenu-Martin, ministre de l'Instruction publique, des Beaux-Arts et des Cultes, a introduit, pour la première fois, dans ces deux classes un enseignement de géographie obligatoire accompagné d'un programme détaillé portant sur la géographie physique (relief, climat, hydrographie, productions naturelles, etc.) et l'état économique des grandes puissances du globe autres que la France : nos principaux voisins européens, avec leurs empires coloniaux, ainsi que la Chine et le Japon, les États-Unis, l'Argentine et le Brésil.

Or, voici que, le 19 novembre 2009, Luc Chatel, ministre de l'Éducation nationale, annonce à la presse, avec l'entier soutien de Nicolas Sarkozy et de François Fillon, que l'histoire et la géographie seront optionnelles en terminale scientifique. Ce projet suscite rapidement une réprobation générale.

Le 6 décembre 2009, *Le Journal du dimanche* publie « l'Appel des vingt » :

« Cette décision ne peut que susciter la stupéfaction par son décalage avec les nécessités évidentes de la formation des jeunes Français au début du XXIe siècle. À l'heure de la mondialisation, les futurs bacheliers scientifiques n'auraient donc nul besoin de se situer dans le monde d'aujourd'hui par l'étude de son processus d'élaboration au cours des dernières décennies. [...] En outre, ils se trouveront dans l'impossibilité d'accéder à certaines formations supérieures de haut niveau pour lesquelles la connaissance de l'histoire et de la géographie est indispensable et vers lesquelles ils se dirigent en nombre croissant. [...] Il est impératif d'annuler cette décision, inspirée par un utilitarisme à courte vue, qui se trouve en contradiction avec les objectifs proclamés du système éducatif français sur le plan de la formation intellectuelle, de l'adaptation au monde contemporain et de la réflexion civique des futurs citoyens. »

Cet appel était signé par Jean-Pierre Azéma, Antony Beevor, Jean-Jacques Becker, Serge Berstein, qui l'avait rédigé, Pierre Cosme, Alain Finkielkraut, Jean-Noël Jeanneney, André Kaspi, Jacques Le Goff, Hervé le Bras, Évelyne Lever, Pierre Milza, Michelle Perrot, Antoine Prost, Jean-Pierre Rioux, Jean-François Sirinelli, Benjamin Stora, Jean Tulard, Annette Wieviorka, Michel Winock.

S'y joignent, dès le lendemain, Mona Ozouf, Max Gallo, Éliette Abécassis, Philippe Delerm, Marc Dugain, Michel Onfray, Olivier Nora, Jérôme Clément, Laure Adler, Philippe Meirieu, Boris Cyrulnik, Pierre Arditi, François Hollande, Vincent Peillon, Ségolène Royal, Martine Aubry, Cécile Duflot, Aurélie Filippetti, François Bayrou, Hervé Mariton, Renaud Muselier, ainsi qu'Hélène Carrère d'Encausse, qui juge « catastrophique que des élèves de terminale ne disposent pas d'enseignement en histoire-géographie, ce qui les priverait de la culture générale la plus élémentaire qui forme l'entendement des citoyens ». Gabriel de Broglie déclarera que cette mesure est une « aberration[2] ».

Dans *Le Monde* du 10 décembre 2009, paraît un autre « Appel », très argumenté, « pour le maintien de l'enseignement historique en terminale scientifique » :

« Ce projet aboutit à décapiter ce qui a fait la force de l'enseignement secondaire. L'objectif de l'enseignement secondaire, étalé sur sept ans, était de

2. *Versailles Magazine*, novembre 2010.

préparer des adolescents à exercer plus tard des fonctions pivots dans la société grâce à une formation générale, c'est-à-dire ni rudimentaire ni enfermée dans une spécialisation décrochée de l'enseignement secondaire.

Parce qu'elles sont par nature disciplines de la cité et formatrices du citoyen, l'histoire et la géographie ont été présentes tout au long de l'enseignement secondaire au XXe siècle et au début du XXIe siècle. [...] La terminale correspond chez les élèves à un degré majeur de maturation intellectuelle. L'histoire et la géographie ne se bornent pas à emmagasiner des connaissances, mais elles deviennent maîtresses du raisonnement. [...]

L'absence d'un enseignement obligatoire d'histoire-géographie en terminale scientifique ne permettra pas aux élèves qui se destinent à préparer des concours commerciaux [...], des concours scientifiques (agrotourisme) ou des écoles d'ingénieurs, ou des instituts politiques, ou à entreprendre des études de géographie à l'université, de recevoir un enseignement cohérent et construit selon l'itinéraire d'un cours consacré au décryptage du monde actuel. Et que dire de ceux qui ne feront plus jamais d'histoire-géographie dans leur cursus, comme les futurs étudiants de médecine ou ceux qui s'engagent dans la vie active ? [...]

Ce projet prive plus de 50 % des effectifs des séries générales des lycées d'une culture générale pour tous ces élèves [plus de 158 000 lycéens en terminale S à la rentrée 2010] et les dispense de 54 heures d'ouverture sur les espaces et les temporalités de notre monde. [...]

Un module proposé en terminale [deux heures], mis en concurrence avec d'autres options scientifiques, ne sera pas pris par tous les élèves et introduira une inégalité parmi les lycéens, qui ont le droit de recevoir une formation historique, géographique et citoyenne. »

Signataires de ce nouvel appel : l'Association des professeurs d'histoire et géographie de l'enseignement public (APHG), la Société des historiens médiévistes de l'enseignement supérieur public, la Société des historiens modernistes, l'Association des historiens contemporéanistes, le Comité national de géographie, l'Association des géographes français, à nouveau Jean-Pierre Azéma et Annette Wieviorka, mais aussi Pierre Nora, Georgette Elgey, Marc Ferro, Philippe Joutard, Michel Kaplan, Jacques Sapir, Yves Lacoste, Jean-Jacques Aillagon et Dominique de Villepin.

La veille, durant la réunion des collaborateurs de Nicolas Sarkozy à l'Élysée, Henri Guaino s'était indigné : « La suppression de l'histoire en terminale S n'est pas une erreur, c'est une faute. Je préfère avoir le soutien d'Alain Finkielkraut et de Max Gallo plutôt que celui du SGEN-CFDT. » Parmi les syndicats et associations concernés, seuls le SGEN-CFDT, le SE-UNSA, la FCPE et le Conseil national de la vie lycéenne avaient approuvé le projet ; une intersyndicale regroupant, entre autres, le SNES-FSU, le principal syndicat des professeurs du secondaire, le SNALC, la CGT, FO et SUD-Éducation, avait demandé à Luc Chatel d'y renoncer.

La presse écrite tout entière est également montée au créneau contre cette réforme. Le 8 décembre 2009, *Libération* titre à la une : « Réforme des lycées. L'histoire en phase terminale. » Laurent Joffrin lui consacre son éditorial : « Écartée de la terminale pour les sections les plus prestigieuses, l'histoire, par la force des choses, s'en trouvera déclassée. On comprendra qu'elle est seconde dans la formation des futurs responsables. Ainsi, la connaissance du passé passera-t-elle au second plan, alors même que ce savoir est essentiel au citoyen qui veut exercer sa liberté de penser. [...] Ainsi, une réforme anodine peut-elle se changer en erreur majeure. »

Didier Pourquery ironise dans *Le Monde magazine* du 12 décembre 2009 : « Ignorantisme. L'histoire-géo devient optionnelle en terminale S. Ben quoi ? Nicolas Sarkozy, roi de la citation historique, ne veut pas que les ingénieurs aient des références dans le temps et l'espace ? Tais-toi et finis tes équations ! L'histoire, c'est pour les discours de Guaino. Pour certains leaders politiques, en matière d'histoire, on en sait toujours bien assez. »

C'est *Le Figaro*, pourtant proche du président et de son gouvernement, qui est le plus sévère à l'encontre de cette réforme. Le 8 décembre 2009, au nom de son journal, Yves Thréard intitule sa chronique « L'histoire en danger », et écrit : « L'APHG a raison d'être en colère. Le projet du gouvernement est inopportun et maladroit. Le retour en grâce du baccalauréat littéraire ne saurait se faire au détriment de la filière scientifique. Au prix d'un nivellement par le bas dont notre système éducatif ne cesse de faire les frais pour conduire le maximum de jeunes au baccalauréat. Encore une fois, on va déshabiller Paul pour habiller Jacques. Résultat, la section L va peut-être progresser en effectifs mais pas en qualité. Quant à la section S, elle perdra sur tous les plans. Et ce n'est pas le renforcement de son programme en histoire-géographie en première qui comblera cette perte. Chacun sait que la compréhension va avec le nombre des années et la maturité. »

Le lendemain, dans le même quotidien, Alain-Gérard Slama intitule sa chronique « Ignorer l'histoire, une vertu civique ? », et écrit : « Tout dans l'évolution de notre modernité devrait plaider en faveur d'un renforcement des horaires consacrés aux disciplines historiques dans les programmes scolaires. Les bouleversements introduits par la mondialisation dans la perception que la société française a d'elle-même, de sa culture, de ses institutions, rendent d'autant plus nécessaire la transmission de cette grande table d'orientation que représente la connaissance du passé. Les transformations techniques et la mobilité des carrières dispensent moins que jamais les élites appelées à occuper des fonctions de responsabilité dans les secteurs les plus divers d'accéder à la maîtrise d'une solide formation générale. [...] Tout cela, apparemment, va de soi. La cause devrait être entendue : il convient de reconnaître qu'il y a eu maldonne et d'abandonner le projet. Le malheur est qu'on en est loin, que le ministre persiste et qu'il maintient ses arguments. »

Dans *Le Figaro magazine* du 12 décembre 2009, Alexis Brézet intitule son éditorial « L'Histoire à l'envers », et écrit : « Qui a eu cette idée folle... un jour de supprimer l'Histoire ? Luc Chatel aura beau plaider, argumenter, déployer tout son talent – qui est grand – pour justifier la fin de l'histoire-géo en terminale S, il ne désarmera pas la colère des universitaires et des enseignants, furieux du mauvais coup porté à leur discipline. Le ministre aura beau dire qu'il veut seulement concentrer l'intégralité de l'enseignement de cette matière "éminente" en classe de première (ce qui n'est pas tout à fait vrai), il n'apaisera pas l'inquiétude des parents qui ne voient pas très bien en quoi on revalorisera la section littéraire – entreprise ô combien nécessaire ! – en dévalorisant la section scientifique. [...] Contre l'utilitarisme à courte vue d'une certaine droite ("les matières littéraires ne servent à rien"), contre l'égalitarisme aveugle d'une partie de la gauche ("la culture générale creuse les inégalités"), il est au contraire urgent de rappeler que notre époque n'a jamais eu autant besoin des humanités : pour qui veut affronter l'avenir, la connaissance du passé (à condition qu'elle ne se résume pas à l'enseignement de la culpabilité !) n'est pas un luxe, mais une nécessité. »

La une du *Figaro* du 9 décembre 2009 indique qu'à la « question d'internautes » : « Faut-il maintenir l'enseignement de l'histoire-géographie en terminale S ? », 77,6 % ont voté « oui » et 22,4 % « non ».

Un seul parlementaire UMP a défendu publiquement ce projet, Patrick Devedjian, avec des arguments étonnants : « Je constate que l'histoire est de plus en plus ignorée. Elle n'est pas aussi bien enseignée que ça. Je suis opposé au fait d'obliger les gens à apprendre des choses qui ne leur plaisent pas lorsqu'ils ont atteint l'âge de dix-sept ans[3]. »

Peu importe au président et au gouvernement cette quasi-unanimité contre leur projet. Au ministère de l'Éducation nationale, on estime que « la bronca sur la suppression de l'histoire en terminale S menée par des intellectuels comme Alain Finkielkraut ne concerne que "quelques courants conservateurs des plus étroits, nostalgiques d'une époque où seuls 15 % d'une classe d'âge parvenaient au bac"[4] ». Le 10 décembre, devant des responsables de la majorité

3. Talk Orange-*Le Figaro*, 9 décembre 2009.
4. *Le Figaro*, 10 décembre 2009.

réunis à l'Élysée, Nicolas Sarkozy encourage Luc Chatel à maintenir sa réforme : « Tu fais un travail remarquable. Continue et fais de la pédagogie ! » Le même jour, Luc Chatel déclare devant le Conseil supérieur de l'Éducation (CSE) : « Au risque de vous déplaire, je ne reviendrai sur rien. » Le Haut Conseil de l'Éducation (HCE), présidé par Bruno Racine - nous reviendrons sur lui - est la seule instance éducative favorable à la réforme, qui est finalement publiée au *Bulletin officiel de l'Éducation nationale* (BOEN) spécial numéro 1, du 4 février 2010.

Le directeur du cabinet de Luc Chatel, Philippe Gustin, aurait pu ouvrir les yeux de son ministre. Certifié d'histoire-géographie, il ne pouvait pas, dans son for intérieur, approuver cette réforme. Il préféra la défendre sans réserve, pour être certain de conserver son poste. Peu avant l'élection présidentielle, cet énarque passé par la préfectorale a été nommé ambassadeur extraordinaire et plénipotentiaire de la République française auprès de la Roumanie.

L'inspirateur de cette réforme avait été Richard Descoings - paix à son âme - directeur de l'IEP de Paris. Il s'en était expliqué dans *Libération* le 8 décembre 2009, et dans *Le Monde* du 10 décembre, en prétendant que « c'était le seul moyen d'empêcher la série scientifique d'être une filière généraliste élitiste qui mène à tout », ainsi que « la pure reproduction intellectuelle et sociale du bon vieux lycée d'avant le collège unique ». On reste confondu devant cette exécration des « élites », un mot qui ne devrait avoir aucune résonance péjorative, puisqu'il désigne, à proprement parler, les meilleurs dans quelque domaine que ce soit. Une répulsion incompréhensible car elle émanait de quelqu'un qui avait passé sa jeunesse à vouloir faire partie d'une des plus prestigieuses d'entre elles : après être passé par les lycées Montaigne, Louis-le-Grand et Henri-IV, il s'y était repris à trois fois pour intégrer l'ENA et avait mis ensuite tout en œuvre pour en sortir dans les premiers et ainsi entrer au Conseil d'État.

Pour faire passer son projet, Luc Chatel avait pris l'engagement de faire étudier en première L-ES-S, à raison de quatre heures par semaine, l'ensemble du programme d'histoire-géographie jusqu'à présent enseigné en première S et en terminale S à raison de deux heures et demie par semaine pour chacun de ces niveaux. Engagement difficile à tenir puisque cinq n'est pas égal à quatre.

Cet engagement, Luc Chatel ne l'a tenu ni en histoire, ni en géographie.

Naguère, en terminale S, on étudiait, en histoire, « la France de la Ve République » jusqu'à nos jours. Dorénavant, on n'étudie plus, dans le tronc commun de la première L-ES-S, que la Ve République de 1958 à 1962. Ainsi, les cinquante dernières années de l'histoire de notre pays ne sont plus enseignées aux lycéens de la série scientifique ; elles ne figurent pas davantage dans le programme de l'option « histoire-géographie » en terminale S. Ces élèves les auront seulement survolées à la fin de la classe de troisième. « L'affirmation de l'islamisme à partir de la fin des années 1970, comme fait majeur, sous différentes formes », qui figurait dans l'ancien programme de terminale S, n'est plus mentionnée nulle part. Par ailleurs, dans le nouveau programme de première, le XXe siècle est appelé, du reste incorrectement, le « siècle des totalitarismes », mais on n'y trouve rien sur la République populaire de Chine depuis 1949.

Cette disparition de l'histoire de France de 1962 à nos jours et de l'affirmation récente de l'islamisme n'a pas empêché Laurent Wirth, doyen du groupe de l'Inspection générale de l'Éducation nationale (IGEN) d'histoire-géographie et président du groupe d'experts sur les nouveaux programmes d'histoire au lycée, d'écrire dans la revue *L'Histoire* d'avril 2012 : « Il importait que le programme de première aille jusqu'à nos jours afin que les élèves aient les clés de compréhension du monde actuel. » Il a énoncé là une contre-vérité, à moins que, selon lui, la France ne fasse pas partie du « monde actuel ».

Naguère, en terminale S, on étudiait, en géographie, « L'espace mondial », en particulier « Les États-Unis » et « L'Asie orientale ». Dorénavant, dans le tronc commun de la première L-ES-S, on étudie seulement : « France et Europe : dynamiques des territoires dans la mondialisation ». Ainsi, les États-Unis, le Japon, la Chine littorale, la Corée du Sud, Taïwan et Singapour ne sont plus enseignés aux lycéens de la série scientifique. Et même pour ceux qui choisissent l'option histoire-géographie en terminale S, l'étude des États-Unis n'est pas obligatoire. Certains de ces pays auront été étudiés par les collégiens, mais seulement et trop rapidement dans le cadre du programme de géographie de la classe de quatrième.

L'APHG, qui a été créée en 1910 et qui regroupe le quart des professeurs d'histoire-géographie de l'enseignement public, environ 8 000, n'a pas désarmé. Dans la revue de cette association, *Historiens et Géographes*, d'octobre-novembre 2011, Bruno Benoit, son président, a intitulé son éditorial : « Nous aussi, historiens et géographes, sommes des "indignés". » « Indignés », en particulier « à cause de la suppression de l'histoire-géographie comme disciplines obligatoires en terminale S et parce que la moitié des élèves des séries classiques vont être privés de l'étude de la Ve République depuis 1962», une «véritable régression culturelle et civique». Les États Généraux de l'histoire et de la géographie réunis par l'APHG au lycée Louis-le-Grand, le 28 janvier 2012, ont exigé «le rétablissement immédiat de l'enseignement obligatoire d'histoire-géographie validé par une épreuve au baccalauréat en terminale scientifique».

Le 9 février 2012, *Le Monde* a publié un «Appel solennel pour la défense des humanités», intitulé: «En renonçant aux humanités classiques, la France renonce à son influence», et signé notamment par Régis Debray, Marc Fumaroli, Michel Onfray, Jean d'Ormesson, Erick Orsenna, Daniel Rondeau, Jean-Marie Rouart, Philippe Sollers et Emmanuel Todd. On pouvait y lire:

«Est-ce que la France serait devenue suicidaire? En quelques mois plusieurs sentences sans appel sont tombées sans qu'on sache vraiment qui est à la manœuvre: suppression de la culture générale à l'entrée de Sciences Po; invention, digne de Monty Python, d'un concours de recrutement de professeurs de lettres classiques sans latin ni grec; disparition de l'enseignement de l'histoire-géographie pour les terminales scientifiques...

Autant de tirs violents, sans semonce, contre la culture et contre la place qu'elle doit occuper dans les cerveaux de nos enfants et des adultes qu'ils seront un jour; une place qu'on lui conteste aujourd'hui au nom du pragmatisme qu'impose la mondialisation. Mais quel pragmatisme au moment où, partout dans le monde, de la Chine aux États-Unis, l'accent est mis sur la culture et la diversité de l'éducation, le fameux *soft power*? [...] Cette agressivité d'État rejoint les attaques de plus en plus fréquentes contre la culture dans son ensemble, considérée désormais comme trop discriminante par des bureaucrates virtuoses dans l'art de la démagogie et maquillés en partisans de l'égalité, alors qu'ils en sont les fossoyeurs.

Grâce à cette culture qu'on appelait "humanités", la France a fourni au monde certaines des plus brillantes têtes pensantes du XXe siècle. Jacqueline de Romilly, Jean-Pierre Vernant, Pierre Vidal-Naquet, Lucien Jerphagnon, Paul Veyne sont pratiqués, cités, enseignés dans toutes les universités du globe.

Pour Cicéron, "si tu ne sais pas d'où tu viens, tu seras toujours un enfant". C'est-à-dire un être sans pouvoir, sans discernement, sans capacité à agir dans le monde ou à comprendre son fonctionnement. Voilà la pleine utilité des humanités, de l'histoire, de la littérature, de la culture générale, utilité à laquelle nous sommes attachés et que nous défendons, soucieux que nous sommes du partage démocratique d'un savoir commun. »

On ne saurait mieux dire.

Cet « Appel solennel » est resté sans réponse, comme tous les autres depuis 2009.

2

L'agrégation d'histoire en 2011 : un « faux » à commenter

L'agrégation externe d'histoire est essentiellement présentée par des étudiants et passe pour très difficile : en 2011, il y a eu 70 admis pour 1 654 candidats inscrits. Dans le rapport du concours de l'agrégation d'histoire, session 2010, Michel Cassan, président du jury, avait rappelé dans ces termes les exigences du concours et les attentes du jury : « L'agrégation doit demeurer un concours national de très haut niveau. Faut-il rappeler que l'agrégation est un élément clé du système de formation et de recrutement d'enseignants de qualité dont l'Éducation nationale a besoin. [...] Le jury attend des candidats la mise en œuvre de compétences et de savoirs qui doivent être acquis à l'issue de plusieurs années d'études universitaires dédiées à l'obtention d'une formation solide, cohérente et quelque peu ambitieuse. » En septembre 2010, Michel Cassan soulignait, dans une lettre adressée à ses collègues préparateurs, le « haut degré d'exigence scientifique de ce concours ».

Le président du jury et le premier vice-président de cette agrégation sont traditionnellement un universitaire et un IGEN : en 2011, c'était encore Michel Cassan, professeur d'histoire moderne à l'université de Poitiers et, au titre de l'IGEN, Yves Poncelet, un spécialiste d'histoire contemporaine qui pourrait passer pour un spécialiste d'histoire médiévale puisqu'il a publié, en 2011, une biographie intitulée *Pierre l'Ermite* ; mais celle-là était, en réalité, consacrée à Edmond Loutil (1863-1959), prêtre, journaliste à *La Croix*, romancier, qui écrivait sous le pseudonyme du moine prédicateur de la croisade populaire anéantie par les Turcs en 1096. Comme quoi, en histoire, Yves Poncelet aurait dû le savoir, il faut se méfier des apparences...

Jusqu'en 1970, l'agrégation externe d'histoire comportait trois compositions d'histoire et une de géographie. Depuis cette date, elle comprend deux compositions d'histoire, une de géographie, et une explication de textes en histoire, chaque épreuve durant sept heures et étant affectée du même coefficient.

En avril 2011, l'épreuve d'histoire médiévale consistait à expliquer un long texte intitulé « Le concile de Constance vu par un témoin », et qui rapporte quatre journées de ce concile en février 1415. Ce document se terminait par l'indication de sa source : « *Le Concile de Constance au jour le jour*, éd. P. Glorieux, Tournai, Desclée & Co, 1964, p. 16-23. » Au début du témoignage, figurait une note en bas de page ainsi rédigée : « Les événements du concile de Constance ont été relatés par différents témoins. L'auteur de ce texte, resté anonyme, est maître Jacques de *Ciresio*, le secrétaire du chancelier Gerson. »

Au lendemain du concours, des candidats, des universitaires, des étudiants se sont inquiétés de nombreuses anomalies contenues dans ces indications.

L'éditeur P. Glorieux n'existe pas. C'est Desclée & Co, un éditeur de Tournai, qui a publié, en 1964, un livre intitulé *Le Concile de Constance au jour le jour*, rédigé par Palémon Glorieux (1892-1979), un chanoine, ancien recteur de l'Institut catholique de Lille et spécialiste de Jean de Gerson. Dans son introduction à ce livre, il a clairement averti le lecteur: « Malgré toutes les recherches, il n'a été possible jusqu'à présent de retrouver ni le texte original ni références ou cotations quelconques. Aucun catalogue ne les mentionne et les répertoires classiques gardent aussi le silence à leur propos. C'est d'ailleurs pourquoi, devant cette carence, je me suis permis de prêter ma plume au secrétaire de Gerson. *Parcat lector.* » La note en bas de page n'avait aucun sens: il est impossible de dire à la fois qu'un « auteur » est « resté anonyme », et qu'il s'appelle Jacques de Ciresio. De plus, le texte était écrit, d'ailleurs bien écrit, en français contemporain, alors que l'original, probablement en latin, n'aurait pas pu l'être, et que le nom d'un traducteur aurait dû figurer dans la source.

Michel Cassan et Yves Poncelet, le doyen de l'IGEN, Erick Roser, Laurent Wirth, le doyen du groupe IGEN d'histoire-géographie, le directeur général de l'enseignement scolaire (DGESCO), Jean-Michel Blanquer, le secrétaire général (SG), Jean Marimbert, la directrice générale des ressources humaines - secrétaire générale adjointe (DGRH-SGA), Josette Théophile, comme Luc Chatel et le directeur de son cabinet, Philippe Gustin, sont très vite saisis de l'erreur et de sa gravité. Ils choisissent, durant plusieurs semaines, de ne pas réagir. Jusqu'à ce que, le 24 mai 2011, le journaliste Sylvestre Huet titre un article dans *Libération*: « L'histoire: une histoire de faux pour l'agrégation ».

Il y écrit que « l'épreuve d'histoire médiévale est entachée d'un scandale », que le texte à commenter a été rédigé par l'historien Palémon Glorieux en 1964 et qu'il ne s'agit pas d'une traduction d'un texte médiéval de 1415. Il conclut : « Cette énorme bourde pose un énorme problème. Faut-il annuler le concours ou simplement l'épreuve incriminée ? L'affaire ne fait que commencer. »

Le même jour, Luc Chatel, que cet article de presse oblige à prendre une décision, annonce que l'« affaire » est terminée : « Si le ministère reconnaît que cette pratique est peu conforme aux usages scientifiques [*sic*], et comprend tout à fait que cette situation puisse faire réagir ceux qui enseignent et aiment l'histoire [*sic*], il apparaît qu'en l'espèce l'égalité de traitement a été maintenue entre tous les candidats et que l'épreuve n'était pas hors programme. Par conséquent, il n'existe aucun motif qui puisse conduire, en droit, à l'organisation d'une nouvelle épreuve, à quelques semaines du début des oraux d'admission. »

Cette décision fait maintenant jurisprudence : le ministère validera sans doute bientôt une explication de textes, en histoire contemporaine, consistant à commenter tel extrait de *La Chartreuse de Parme*, qui sera présenté comme le témoignage véridique d'un participant à la bataille de Waterloo, prénommé Fabrice...

L'erreur commise par le jury et la décision de Luc Chatel ne provoquent pas la moindre réaction dans le milieu politique.

Seules l'APHG et la Société des agrégés manifestent leur réprobation.

Hubert Tison, secrétaire général de l'APHG, se dit « consterné » et parle d'une « erreur gravissime ». L'APHG déclare : « Faire passer pour un document authentique du XVe siècle une reconstitution du XXe siècle, alors que ce texte n'existe pas et que l'auteur lui-même le dit dans une notice, traduit un manque de vigilance et de rigueur dans la vérification des sources. À aucun moment, les étudiants n'ont été prévenus que le texte qu'ils avaient à commenter était un pastiche. »

La Société des agrégés, dans son *Bulletin* de juin-juillet 2011, publie le texte suivant intitulé « Grave erreur à l'agrégation d'histoire » : « Les épreuves écrites de l'agrégation externe d'histoire ont été perturbées par une grave erreur : l'épreuve de commentaire de document portait sur un texte qui, présenté comme datant du XVe siècle, avait en réalité été écrit en 1964. L'erreur ayant été révélée après le passage de l'écrit, le ministre a décidé de ne pas annuler l'épreuve mais d'inciter le jury à la clémence dans la correction de celle-ci. La Société des agrégés s'est prononcée pour l'annulation de l'épreuve, seule solution permettant une égalité réelle des candidats dont certains ont pu être gênés par le ton du texte. Elle a également considéré que le jury devait prendre ses responsabilités. En effet, au-delà de cette erreur qui constitue une véritable faute professionnelle, dans un contexte où les concours, et en particulier l'agrégation externe, sont de plus en plus attaqués, il convient que les membres du jury des différentes sections soient irréprochables et inattaquables. Car de cet incident malencontreux, le public n'a retenu qu'une chose : des agrégés ont failli. »

Le 4 juin 2011, soit deux mois après l'écrit du concours, le jury unanime s'exprime enfin par le message suivant : « Le jury reconnaît l'erreur commise dans le choix du document et il regrette profondément cette situation. Il tient à rassurer les candidats sur les conditions de leur évaluation : les correcteurs ont pu apprécier la maîtrise de la méthode d'explication de textes et les connaissances des candidats sur la question au programme. Après la démission de deux collègues médiévistes, un remaniement du jury a été proposé au ministère qui l'a accepté le 30 mai. [...] »

Message surprenant, car le sujet n'avait été que proposé par les « deux collègues médiévistes » et n'avait pu être validé qu'avec l'approbation de Michel Cassan et d'Yves Poncelet, qui ont manqué à la plus élémentaire rigueur en ne procédant à aucune vérification sur l'authenticité du document. Un manque de rigueur sans précédent et qui n'a été suivi d'aucune sanction à l'encontre des vrais coupables.

Par un arrêté du 7 juin 2011, Michel Cassan a été reconduit, pour le ministre, par la DGRH-SGA Josette Théophile, placée sous l'autorité du SG Jean Marimbert, comme président du jury de l'agrégation externe d'histoire pour la session 2012. Il a conservé Yves Poncelet comme premier vice-président.

3

Un rapport de concours consternant en 2012

Il y a plus de 25% des lycéens qui sont scolarisés dans des lycées professionnels. En seconde, en première et en terminale, leur emploi du temps comporte de l'histoire, de la géographie et de l'éducation civique. Les professeurs qui leur enseignent ces disciplines, ainsi que le français, sont recrutés, pour le public comme pour le privé sous contrat, par un concours d'accès au corps des professeurs de lycée professionnel (CAPLP).

La présidente de ce concours était, pour la session 2011, Ghislaine Desbuissons, IGEN d'histoire-géographie. Elle en a rédigé le rapport, qui a été publié dans la revue de l'APHG[5]. Elle y précise d'abord que « l'objectif premier de l'épreuve écrite est d'évaluer les compétences scientifiques des candidats »; elle souligne ensuite « l'importance particulière du commentaire de document pour tout futur enseignant d'histoire et de géographie »: « Le document tient une place essentielle pour l'enseignement de ces disciplines. Il

5. *Historiens et Géographes*, janvier-février 2012, p. 213-225.

doit être appréhendé selon une démarche critique rigoureuse et appuyé sur des connaissances solides. Il importe d'abord de présenter le document [...], puis d'apporter des éléments nécessaires à sa meilleure compréhension [...], de relever et expliciter les implicites, les allusions éventuelles, etc. »

En 2011, c'est l'histoire qui a fait l'objet du commentaire d'un document intitulé « Philippe Pétain, Discours (extraits), 11 octobre 1940 », où le maréchal Pétain expose les raisons pour lesquelles il va instaurer un « ordre nouveau » dans le cadre d'une « collaboration » franco-allemande.

Le rapport comporte un *corrigé* du commentaire de document, qui est consternant tant il comprend d'inventions et d'omissions.

Ghislaine Desbuissons commence par affirmer : « Ce discours a été écrit par Charles Maurras, connu pour son anti-républicanisme, mais on n'exigeait pas des candidats qu'ils le sachent », avec une note en bas de page ainsi libellée : « Il a dit que la chute de la "gueuse" avait été une "divine surprise", la "gueuse" étant la IIIe République ; il condamnait le régime républicain et démocratique en général. »

Il est heureux que Ghislaine Desbuissons n'ait pas « exigé des candidats qu'ils le sachent », car elle affirme là une contrevérité. Henri Michel, qui passe pour un de nos meilleurs spécialistes de la Seconde Guerre mondiale, indique dans son livre *Vichy – Année 40* que « Pétain avait demandé de rédiger le message du 11 octobre 1940 à Bergery qui, le premier, avait lancé l'idée d'une collaboration franco-allemande à l'Assemblée nationale le 10 juillet à Vichy[6] ».

6. Henri Michel, *Vichy – Année 40*, Robert Laffont, 1966, p. 297.

C'est en effet Gaston Bergery, ancien directeur du cabinet d'Édouard Herriot au Quai d'Orsay en 1924-1925, ancien député républicain, radical et radical-socialiste de Seine-et-Oise, ami d'enfance d'Emmanuel Berl, qui avait été le principal rédacteur de ce message. Dans son irremplaçable *Histoire de Vichy*, Robert Aron – qui l'a écrite avec Georgette Elgey – donne à ce sujet toutes les précisions nécessaires :

« Chaque message du Maréchal mériterait qu'on fît le récit de sa genèse. Un d'entre eux montre à merveille comment Pétain procédait : celui du 11 octobre 1940. Revenant, en octobre 1940, d'un voyage officiel en Savoie, Bergery informe du Moulin de Labarthète [le directeur du cabinet civil de Pétain] qu'il est décidé à quitter Vichy, où il ne peut se faire entendre. Il lui remet une sorte de testament politique, d'environ trente pages, intitulé : « Ce qu'on ne fait pas à Vichy, ce qu'on devrait y faire ». Le Maréchal, à qui du Moulin a communiqué le factum, le trouve excellent : "Du Moulin, dit-il, c'est toujours ça que j'ai pensé. Il faut que je lise ce texte à la radio. – Oui, monsieur le maréchal, mais il faut d'abord modifier certains termes. Bergery emploie tout le temps le mot *fallacieux* : ce n'est pas un adjectif de votre vocabulaire."

Un comité de rédaction, composé de Bergery, du Moulin, et de trois ministres, hostiles à Pierre Laval, Huntziger, Bouthillier, Belin, se réunit pour compléter le texte. Bergery effectue ensuite l'assemblage et une nouvelle rédaction. Du Moulin est chargé de le récrire et supprime tout ce qui demeure encore de "fallacieux". Grande colère de Laval, lorsqu'il apprend le complot : il fait irruption dans le bureau du Maréchal, le dimanche matin, un quart d'heure avant le moment où Pétain doit parler à la radio. *In extremis*, le Maréchal consent à apporter quelques modifications à la fin de son discours. Mais il tient bon pour l'essentiel : le testament politique de Bergery, adapté par le chef de l'État, est diffusé [7]. »

Quant à Charles Maurras, il n'a jamais été le *nègre* de Philippe Pétain. Ce que soulignent aussi Robert Aron et Georgette Elgey : « Maurras ne fut pas un des familiers du Maréchal. En quatre ans, il vint quatre fois à Vichy [...] La seule intervention directe que Maurras semble avoir exercée dans le travail politique de Vichy se situe *in extremis*, en 1944, quand il donna son avis, un avis d'ailleurs sévère sur le dernier projet de Constitution proposé au Maréchal [8]. »

Cet avis sévère n'est pas étonnant car le projet de Constitution, qu'avait failli promulguer Pétain en novembre 1943 – il en avait été empêché par les Allemands –, restaurait la République et, d'une certaine façon, la démocratie : le chef de l'État y portait le titre de « président de la République », tandis que le suffrage universel était étendu aux femmes [9].

Ghislaine Desbuissons affirme plus loin : « La collaboration [avec l'Allemagne] est aussi idéologique, marquée par l'antisémitisme que Vichy fait sien dès le 3 octobre avec la loi portant statut des Juifs et la création d'un "commissariat aux questions juives", qui échoit à Xavier Vallat, et ce avant même que la collaboration ne soit "scellée" par la poignée de main de Montoire que ce discours prépare. »

---

7. Robert Aron, *Histoire de Vichy*, Fayard, 1954, p. 208-209.
8. *Ibid.*, p. 202-203.
9. *Les Constitutions de la France depuis 1789*, présentation de Jacques Godechot, Flammarion, GF, 2006, p. 340 à 355.

Une nouvelle contrevérité dans ce passage du rapport de Ghislaine Desbuissons. Le Commissariat *général* aux questions juives n'a pas été créé entre le 3 octobre et le 24 octobre 1940, date de la rencontre entre Philippe Pétain et Adolf Hitler, mais par une loi du 29 mars 1941, tandis que Xavier Vallat en devenait le premier titulaire par un décret du même jour.

En revanche, Ghislaine Desbuissons oublie de rappeler deux mesures antijuives intervenues entre les 3 et 11 octobre 1940: la loi du 4 octobre sur «les ressortissants étrangers de race juive», qui «pourront être internés dans des camps spéciaux ou se voir assigner une résidence forcée par le préfet du département de leur résidence»; la loi du 7 octobre «portant abrogation du décret du gouvernement de la Défense nationale du 24 octobre 1870 [appelé décret Crémieux], et fixant le statut des Juifs indigènes des départements de l'Algérie», qui, à quelques exceptions près, perdaient le statut politique de citoyens français. À ce propos, Ghislaine Desbuissons aurait pu aussi faire observer que le maréchal Pétain se garde de parler dans ce message des mesures qu'il vient de prendre à l'encontre des Juifs.

Elle oublie enfin, dans son rapport, de «relever et expliquer une allusion» importante, en ne commentant pas la phrase de Pétain: «On ne saurait découvrir dans l'ordre nouveau les traits d'une sorte d'"ordre moral".» Cette indication est essentielle, tant sont nombreux ceux qui, depuis longtemps, prétendent que la «révolution nationale» consistait en un retour à l'«ordre moral». À commencer par Robert O. Paxton qui, dans le chapitre de sa célèbre histoire de *La France de Vichy*[10]

10. Robert O. Paxton, *La France de Vichy, 1940-1944*, Le Seuil, 1973, p. 148-166.

intitulé « La révolution nationale », consacre près de vingt pages à ce qu'il appelle successivement : « L'ordre moral : l'Église », « L'ordre moral : l'éducation et la jeunesse », « L'ordre moral : la famille ».

En réalité, l'« ordre moral » n'a été la politique officielle des pouvoirs publics qu'une fois dans notre histoire, et pour peu de temps, lorsque le maréchal de Mac-Mahon, président de la République, et le duc de Broglie, vice-président du Conseil, en ont proclamé l'instauration en 1873. Il en reste dans le paysage parisien un monument couru par les touristes : la basilique du Sacré-Cœur édifiée sur la colline de Montmartre.

Les ignorances de Ghislaine Desbuissons sur le régime de Vichy et l'époque de la collaboration sont d'autant plus surprenantes qu'elle a soutenu, en 1990, une thèse intitulée *Itinéraire d'un intellectuel fasciste, Maurice Bardèche*. Ce dernier était le meilleur *ami* et le beau-frère de Robert Brasillach.

Par un arrêté du 7 juin 2011, Ghislaine Desbuissons a été reconduite, pour le ministre, par la DGRH-SGA Josette Théophile, placée sous l'autorité du SG Jean Marimbert, présidente du jury du CAPLP pour la session 2012. Reconnaissons qu'à cette date-là son rapport pour le concours 2011 n'était pas encore connu. Mais aujourd'hui, peut-elle encore présider un concours de recrutement ?

4

Des programmes et des « outils pédagogiques » truffés d'erreurs et de lacunes

Passons maintenant en revue une série d'inexactitudes révélatrices relevées dans les textes ou les directives publiés par le ministère de l'Éducation nationale.

Une erreur de date dans les nouveaux programmes d'histoire de l'école primaire

Ils ont été signés, pour le ministre, Xavier Darcos, par le DGESCO, Jean-Louis Nembrini, et figurent dans un arrêté du 9 juin 2008 ; Michel Hagnerelle était alors doyen du groupe IGEN d'histoire-géographie.

Parmi les quelques dates indiquées dans le programme d'histoire pour les élèves du CE2, du CM1 et du CM2, on peut lire : « 1945 : droit de vote des femmes. » Or, c'est en 1944 que le droit de vote a été accordé aux femmes – très exactement en vertu d'une ordonnance du 21 avril 1944, signée à Alger par le général de Gaulle et les membres du Comité français de la Libération nationale.

L'« humanisme » et les « humanistes » n'ont pas existé selon les nouveaux programmes d'histoire de cinquième

Les nouveaux programmes de collège ont été préparés par les IGEN d'histoire-géographie alors que leur doyen était le même Michel Hagnerelle. Ils ont été signés par Jean-Louis Nembrini pour Xavier Darcos, et ils figurent dans un arrêté du 8 juillet 2008, alors que Laurent Wirth venait d'être nommé doyen du groupe IGEN d'histoire-géographie.

La partie du programme d'histoire de cinquième intitulée : « Les bouleversements culturels et intellectuels (XVe-XVIIe siècles) » comporte « La Renaissance » et « Les Réformes », mais, à la différence de tous les programmes précédents incluant cette période, ne mentionne ni l'« humanisme », ni les « humanistes ». Tant pis pour Érasme, Guillaume Budé, Thomas More ou Pic de La Mirandole...

Il n'y a plus qu'une révolution russe en 1917 dans les nouveaux programmes de troisième

Dans le programme d'histoire de troisième, il n'y a plus qu'« *Une* révolution russe en 1917 », alors que, dans tous les programmes précédents, il y en avait eu *deux* durant cette année-là : celle qui a abouti à l'abdication de Nicolas II en février-mars, et la révolution d'Octobre, qui a porté Lénine et les bolcheviks au pouvoir.

Le mot « Shoah » est banni des programmes d'histoire du primaire et du secondaire

Alors que le mot « Shoah » (la « catastrophe », en hébreu) est devenu d'usage courant pour désigner le massacre systématique dont ont été victimes des millions de Juifs européens durant la Seconde Guerre mondiale, les plus hautes autorités du ministère de l'Éducation nationale continuent de le bannir des programmes de l'école primaire, du collège et du lycée.

Dans le nouveau programme d'histoire du CE2, du CM1 et du CM2 de juin 2008, signé pour Xavier Darcos par Jean-Louis Nembrini, avec l'accord de Michel Hagnerelle et Laurent Wirth, il est question de « L'extermination des Juifs et des Tziganes par les nazis : un crime contre l'humanité ».

Dans les nouveaux programmes d'histoire de troisième publiés en août 2008 et de première L-ES-S publiés en septembre 2010, signés pour Xavier Darcos puis Luc Chatel par les DGESCO Jean-Louis Nembrini puis Jean-Michel Blanquer, avec l'accord de Laurent Wirth et Michel Hagnerelle, il est question de « La Seconde Guerre mondiale : guerre d'anéantissement et génocide des Juifs et des Tziganes ».

Au printemps 2010, Olivier Pétré-Grenouilleau, IGEN d'histoire-géographie depuis 2009, a reproché par écrit à Catherine Pederzoli, professeur certifié d'histoire-géographie au lycée Henri-Loritz de Nancy, de trop utiliser le mot « Shoah », au lieu du « terme plus neutre et juridiquement fondé de "génocide" ». Lorsque ce reproche a été rendu public, il a provoqué de très nombreuses protestations dans notre pays, mais pas la moindre de la part de Laurent Wirth, doyen du groupe IGEN d'histoire-géographie, ni de la part de François Perret, doyen de l'IGEN.

Dans *Le Monde* du 31 août 2011, Claude Lanzmann, l'auteur du film *Shoah* (1985), a révélé : « Il y a une douzaine d'années, Dominique Borne, doyen de l'Inspection générale d'histoire au ministère de l'Éducation nationale, déclarait sans précaution ni fard: "Il faut bannir le mot *Shoah* des manuels, car c'est un mot étranger." »

Dans *Le Monde* du 17 septembre 2011, Dominique Borne, doyen honoraire de l'IGEN, lui a répondu par un article intitulé « Éviter la concurrence des victimes », en ne démentant pas avoir fait cette déclaration et en ajoutant: « Comment ignorer que les mémoires de la Shoah croisent, et parfois heurtent, d'autres mémoires, en particulier les mémoires de la colonisation et des immigrations » (*sic*).

Le même jour, dans le même quotidien, Serge Klarsfeld, a publié un article définitif intitulé « Le mot Shoah a acquis droit de cité dans la conscience des Français », dans lequel il explique notamment que « le mot "Shoah" est devenu un nom propre impliquant l'unicité du traitement criminel appliqué aux Juifs pendant la période hitlérienne. [...] Il fallait un seul mot pour exprimer tout ce qui s'était passé; le mot n'existait pas en français. Il n'était possible de l'inventer qu'à travers une œuvre d'art ayant capté tous les rayons émis par les victimes et les bourreaux, toutes les haines et toutes les souffrances ».

Les « ressources » et les « aides » officielles

À la demande de Luc Chatel, le DGESCO, Jean-Michel Blanquer, le doyen de l'IGEN, Erick Roser, et le doyen du groupe IGEN d'histoire-géographie, Laurent Wirth, ont mis en ligne sur le site Éduscol des « fiches-ressources » pour aider les « équipes éducatives » à traiter les nouveaux programmes d'histoire, de géographie, d'éducation civique et d'éducation civique, juridique et sociale (ECJS) au collège et au lycée. Le Centre national de documentation pédagogique (CNDP), qui dépend directement du ministre, et le Centre régional de documentation pédagogique (CRDP) de l'académie de Versailles, placé sous l'égide d'Alain Boissinot, recteur de cette académie et président de son conseil d'administration, ont publié, depuis 2009, sous forme de fascicules en papier glacé, des « aides » présentées par Laurent Wirth et Michel Hagnerelle comme des « outils précieux » pour les professeurs ayant à traiter les nouveaux programmes.

Ces documents officiels comprennent de nombreuses erreurs et lacunes.

Un Voltaire idéalisé

Le programme d'histoire de la classe de quatrième comporte « L'Europe des Lumières ». La « fiche-ressource » (juillet 2011) choisit Voltaire comme « support d'études » et recommande d'utiliser ses *Lettres philosophiques* ou *Lettres anglaises*, son *Traité sur l'intolérance* (*sic*), et son *Dictionnaire philosophique* pour illustrer sa « condamnation de l'intolérance » et sa « revendication des droits ». Dans les « aides » du CRDP de Versailles pour la même classe (juillet 2011), Voltaire est présenté comme un « chantre de la tolérance », et, en particulier, de la « tolérance religieuse ».

Dans le *Traité sur la tolérance à l'occasion de la mort de Jean Calas* (1763) (le « Traité sur l'*in*tolérance » est une invention du ministre, du DGESCO et des IGEN), Voltaire écrit effectivement : « Je vous dis qu'il faut regarder tous les hommes comme nos frères. Quoi ! mon frère le Turc ? mon frère le Chinois ? Le Juif ? Le Siamois ? Oui, sans doute : ne sommes-nous pas tous enfants du même père et créatures du même Dieu ? » Et, dans le même livre, sa « Prière à Dieu » constitue une exhortation sans précédent et sans pareil à la tolérance universelle : « Tu ne nous as point donné un cœur pour nous haïr et des mains pour nous égorger; [...] que toutes ces petites nuances qui distinguent les atomes appelés *hommes* ne soient pas des signaux de haine et de persécution. [...] Si les fléaux de la guerre sont inévitables, ne nous haïssons pas, ne nous déchirons pas dans le sein de la paix [...]. »

Mais, dans de très nombreux textes, y compris dans certains de ceux auxquels renvoie la fiche-ressource, Voltaire n'épargne pas les Juifs de sa haine.

Dans la vingt-cinquième lettre de ses *Lettres philosophiques* (1734), celle consacrée aux *Pensées* de M. Pascal, Voltaire écrit: « Les Juifs étaient haïs, non parce qu'ils ne croyaient qu'en un Dieu, mais parce qu'ils haïssaient ridiculement les autres nations, parce que c'étaient des barbares qui massacraient sans pitié leurs ennemis vaincus, parce que ce vil peuple, superstitieux, ignorant, privé des arts, privé du commerce, méprisait les peuples les plus policés. »

Dans la version intégrale du *Dictionnaire philosophique*, publiée après la mort de Voltaire par les éditeurs de Kehl et commentée par Condorcet, qui regroupe *Le Dictionnaire philosophique portatif* appelé aussi *La Raison par alphabet*, *Les Questions sur l'Encyclopédie*, *L'Opinion par alphabet*, ainsi que ses articles pour *L'Encyclopédie* et le *Dictionnaire de l'Académie*, rééditée telle quelle tout au long du XIXe siècle, Voltaire écrit, à l'article « Juifs », le plus long de cette somme: « Il résulte de ce tableau raccourci que les Hébreux ont presque toujours été ou errants, ou brigands, ou esclaves, ou séditieux: ils sont encore vagabonds aujourd'hui sur la terre, et en horreur aux hommes, assurant que le ciel et la terre, et tous les hommes, ont été créés pour eux seuls. [...] Vous ne trouverez en eux qu'un peuple ignorant et barbare qui joint depuis longtemps la plus sordide avarice à la plus détestable superstition, et à la plus invincible haine pour tous les peuples qui les tolèrent et qui les enrichissent. Il ne faut pour autant pas les brûler. » Et l'article se termine par cette adresse aux Juifs : « Vous êtes des animaux calculants, tâchez d'être des animaux pensants. »

À quoi Isaac Pinto, un Juif portugais, répondra dans une lettre à Voltaire : « Ce n'est pas tout de ne pas brûler les gens : on brûle avec la plume ; et ce feu est d'autant plus cruel que son effet passe aux générations futures. Que doit-on attendre du vulgaire aveugle et féroce quand il s'agit de sévir contre une nation déjà si malheureuse, si ces horribles préjugés se trouvent autorisés par le plus grand génie du siècle le plus éclairé ? »

Dans le même *Dictionnaire philosophique*, à l'article « Lèpre et vérole », on peut lire : « La lèpre, ainsi que le fanatisme et l'usure, avait été le caractère distinctif des Juifs », et, à l'article « Bouc » : « Ce qui outragea la nature humaine, ce fut le brutal égarement de quelques Juives qui furent passionnées pour des boucs et des Juifs qui s'accouplèrent avec des chèvres. »

Il est vrai que la plupart des versions du *Dictionnaire philosophique* publiées au XXe siècle et actuellement disponibles en librairies sont très abrégées et qu'on n'y trouve ni ces articles, ni beaucoup d'autres *ejusdem farinae*.

Voltaire distille sa judéophobie dans bien d'autres ouvrages. Quelques exemples : « On regardait les Juifs du même œil que nous voyons les Nègres, comme une espèce d'hommes inférieure » (*L'Essai sur les mœurs et l'esprit des nations*, chapitre VIII, 1756) ; « Peut-on chercher du raisonnement chez les Juifs ? Ils n'en ont jamais eu qu'en fait d'argent » (*L'Épître aux Romains*,

1768) ; « Vous l'avez emporté sur toutes les nations en fables impertinentes, en mauvaise conduite et en barbarie ; vous en portez la peine, tel est votre destin » (*Discours d'un théiste*, 1772).

Dans sa correspondance, rassemblée par Theodore Besterman, Voltaire accable très souvent les Juifs. Le 28 mai 1722, il adresse au cardinal Guillaume Dubois une lettre de délation ainsi rédigée : « J'envoie à Votre Éminence un petit mémoire de ce que j'ai pu déterrer touchant le Juif dont j'ai eu l'honneur de vous parler ; si Votre Éminence juge la chose importante, oserais-je vous représenter qu'un Juif n'étant d'aucun pays que de celui où il gagne de l'argent, peut aussi bien trahir le roy pour l'empereur que l'empereur pour le roy ? »

Le 15 décembre 1773, il écrit à Jean Baptiste Nicolas de Lisle : « Je sais qu'il y a quelques Juifs dans les colonies anglaises. Ces marauds-là vont partout où il y a de l'argent à gagner. [...] Mais que ces déprépucés d'Israël qui vendent de vieilles culottes aux sauvages se disent de la tribu des Nephtali ou d'Issachar, cela est fort peu important. Ils n'en sont pas moins les plus grands gueux qui aient jamais souillé la face du globe. »

Le 2 juin 1766, dans une lettre à Étienne Noël Damilaville, il associe à sa haine des Juifs sa détestation de Jean-Jacques Rousseau : « Je pense sur Rousseau comme sur les Juifs ; ce sont des fous, mais il ne faut pas les brûler. »

Au même Damilaville, Voltaire avait déjà écrit, le 22 avril 1761, et récrira, le 12 novembre 1766, des lettres *psychiatrisantes* et haineuses à l'encontre de Rousseau : « Tous ces traits rassemblés forment le portrait du fou le plus misérable que j'aie jamais connu » ; « Ce petit séditieux nommé Jean Jacques Rousseau a osé insulter le roi et tous ses ministres dans tous ses ouvrages et mériterait au moins le pilori s'il ne méritait pas les Petites maisons [l'asile pour les fous]. » Le 15 janvier 1765, il écrit à Jean Le Rond d'Alembert : « Jean Jacques est le premier fou qui ait été malhonnête homme ; d'ordinaire les fous sont bonnes gens. [...] Jean Jacques sera charmé d'être pendu, pourvu qu'on mette son nom dans la sentence. »

Auparavant, dans un pamphlet anonyme intitulé *Sentiment des citoyens* et publié en décembre 1764, Voltaire avait même lancé un appel public afin qu'on décapitât Rousseau : « Voici les sentiments de la ville [Genève]. On a pitié d'un fou, mais quand la démence devient fureur, on le lie. La tolérance, qui est une vertu, serait alors un vice. [...] Aujourd'hui la patience n'est-elle pas lassée quand il ose publier un nouveau libelle dans lequel il outrage avec fureur la religion chrétienne, la réformation qu'il professe, tous les ministres du Saint Évangile et tous les corps de l'État ? La démence ne peut plus servir d'excuse quand elle fait commettre des crimes. [...] Cette folie ne le rend que plus criminel. [...] Il faut lui apprendre que si on châtie légèrement un romancier impie, on punit capitalement un vil séditieux. »

Cette détestation de Rousseau par Voltaire est rappelée à deux reprises dans le *Lagarde et Michard* du XVIIIe siècle (p. 158 et 268). Mais Luc Chatel, Jean-Michel Blanquer, Erick Roser, Laurent Wirth et Alain Boissinot n'ont sans doute pas lu cet excellent manuel. Il faut croire qu'ignoraient aussi tout cela les élèves sortis de l'ENA en 1980, qui, après en avoir débattu, ont préféré baptiser leur promotion *Voltaire* plutôt que *Rousseau*. Parmi eux, Frédérique Bredin, Renaud Donnedieu de Vabres, Dominique

Galouzeau de Villepin et sa sœur Véronique, François Hollande, Jean-Pierre Jouyet, Henri de La Croix de Castries, Stanislas Lefebvre de Laboulaye, Pierre-René Lemas, Marie-Ségolène Royal et Michel Sapin...

Ces personnalités et ces hauts fonctionnaires du ministère de l'Éducation nationale ne connaissaient sous doute pas davantage l'*Histoire de l'antisémitisme* de Léon Poliakov. Le troisième tome de cet ouvrage fondamental, intitulé *De Voltaire à Wagner*, compte près de quinze pages consacrées à l'antijudaïsme et à l'antisémitisme de Voltaire [11].

Quant à la « revendication des droits », mentionnée dans la fiche-ressource du DGESCO et des IGEN, elle n'a pas non plus valeur universelle chez Voltaire, en tout cas pour ce qui regarde les lettres de cachet. Certes, Voltaire en a été victime à deux reprises, mais, récemment, un historien réputé, Claude Quétel, directeur de recherche honoraire au CNRS, a retrouvé, dans le dossier « Travers » à la bibliothèque de l'Arsenal, la preuve que Voltaire avait réclamé la délivrance d'une lettre de cachet à l'encontre d'une voisine.

« Voltaire, écrit Claude Quétel [12], est logé, en août 1730, dans le haut de la rue de Vaugirard, quand on le surprend en train de rédiger, à l'intention du lieutenant général de la police, une pétition non pas contre mais pour une lettre de cachet : “Les habitants du haut de la rue de Vaugirard, près de la porte Saint-Michel, remontrent que la nommée Travers, déjà mise une fois à l'hôpital, continue à donner un scandale public,

---

11. *Histoire de l'antisémitisme*, tome III : *De Voltaire à Wagner*, Calmann-Lévy, 1968, p. 103-117. Léon Poliakov, fondateur du Centre de documentation juive contemporaine, fut le responsable de la délégation française à Nuremberg chargée d'aider les Alliés à étayer leurs accusations contre les criminels nazis.
12. *Les Lettres de cachet. Une légende noire*, Perrin, janvier 2011, p. 319-323.

poussée aux derniers excès, s'enivrant tous les jours, battant ses voisines, jurant le nom de Dieu qu'elle mêle aux paroles les plus infâmes, se découvrant toute nue et montrant ce que la pudeur ne permet pas de nommer, menaçant de mettre le feu aux maisons voisines, et tenant tout le quartier dans une alarme perpétuelle. Lesdits habitants espèrent de votre justice que vous daignerez mettre ordre à ce scandale. Signé : Hodar, Nicaise, Voltaire..." C'est Voltaire qui mène l'affaire contre cette tripière et le placet est, semble-t-il, de sa main. [...] L'accusée prétend qu'en fait on cherche à l'évincer de la maison qu'elle partage avec ses adversaires.

Voltaire envoie alors un second placet au lieutenant de police : "La nommée Travers, femme d'une conduite très déréglée soit par le vin dont elle se prend tous les jours, soit par l'affluence d'injures dont elle charge tous les suppliants sans distinction en jurant et blasphémant le saint nom de Dieu, en outre faisant même des figures capables de pervertir la jeunesse et de causer des divisions dans les ménages et un scandale public affreux, ne cesse de les traiter d'une façon outrageante [...], et même de dire qu'elle se f... de la police et de ceux qui la gouvernent. C'est pourquoi les suppliants vous prient, au nom de Dieu, de débarrasser le quartier de la plus mauvaise femme qu'il y ait sur la terre. Ils ne cesseront de prier le Seigneur pour la conservation de la santé de Votre Grandeur. Signé : Voltaire, etc." Sébastienne Travers, après un placet aussi accablant, est enfermée à la Salpêtrière par lettre de cachet du 12 novembre 1730. [...] Cependant, la balance ne penche pas en faveur de Voltaire et de ses cosignataires puisqu'une série de témoignages en faveur de Sébastienne Travers conduit le lieutenant de police à la remettre en liberté dès le 31 décembre, un mois et demi après son emprisonnement. »

La politique française d'immigration dans les années 1930 résumée en une série de faussetés

Le préambule des nouveaux programmes d'histoire et de géographie de première L-ES-S, publiés dans le BOEN spécial du 30 septembre 2010 et signés par le DGESCO, Jean-Michel Blanquer, pour le ministre, Luc Chatel, insiste sur « la maîtrise des repères chronologiques », ainsi que sur « l'exploitation et l'organisation des informations ».

Figure, au début du programme d'histoire, « L'immigration et la société française au XXe siècle ». Dans la fiche-ressource Éduscol de juin 2011, concernant ce thème, on peut lire : « L'hostilité aux étrangers est liée à un antisémitisme que l'on retrouve dans les années 1930 avec le développement d'un climat de rejet de l'étranger (expulsion de Polonais, décrets Daladier en 1937, lois d'exclusion du régime de Vichy). »

On fait difficilement plus confus, plus faux et plus lacunaire :

– Les « lois d'exclusion du régime de Vichy » ne peuvent dater des années 1930 puisque le régime de Vichy a débuté le 10 juillet 1940 ;

– En 1937, Édouard Daladier était ministre de la Défense nationale et de la Guerre. Dans ces fonctions, il n'a pas été l'auteur d'un seul décret xénophobe ou antisémite. C'est, en revanche, lorsqu'il est redevenu président du Conseil, que son ministre de la Justice, Paul Marchandeau, a signé, le 21 avril 1939, un décret-loi selon lequel seraient sévèrement sanctionnées, à la demande du ministère public, « la diffamation ou l'injure commises envers un groupe de personnes appartenant par leur origine à une race ou une religion déterminée, et ayant eu pour but d'exciter à la haine entre les citoyens ou habitants». Le décret-loi Marchandeau sera abrogé par Pétain le 27 août 1940. Entre-temps, il aura servi à faire condamner deux fois, pour des articles violemment antisémites publiés dans *La France enchaînée*, Louis Darquier (de Pellepoix), président du Rassemblement antijuif de France et commissaire général aux questions juives de 1942 à 1944;

– Les textes qui ont déterminé une diminution de l'immigration et l'expulsion d'étrangers en France durant les années 1930, furent la loi du 10 août 1932 et ses décrets d'application, destinés à protéger l'emploi de la main-d'œuvre nationale par rapport à la main-d'œuvre étrangère, de quelque nationalité qu'elle fût, et non par rapport aux seuls Polonais. Ainsi que l'indique Ralph Schor dans sa thèse de doctorat sur *L'Opinion française et les étrangers (1919-1939)*[13], même Pierre Mendès-France et Roger Salengro souhaitèrent un « contingentement de la main-d'œuvre étrangère », et les communistes finirent par se rallier à cette position. La loi du 10 août 1932 fut votée à l'unanimité – seuls les socialistes et les communistes s'abstinrent, sans en désavouer le principe tant les syndicats ouvriers y étaient favorables – et fut promulguée alors qu'Édouard Herriot, président du parti républicain, radical et radical-socialiste, était redevenu président du Conseil après la victoire d'un nouveau « cartel des gauches » aux élections législatives de 1932.

13. Publications de la Sorbonne, 1985, p. 562 et 571.

Dans son *Histoire des Français venus d'ailleurs de 1850 à nos jours*[14], Vincent Viet, chercheur au CNRS, donne à ce propos des précisions essentielles : « À partir de 1931, jaillirent les mêmes récriminations : les étrangers étaient ces "fauteurs de chômage" qui "arrachent le pain de la bouche des Français" ; il fallait rendre "la France aux Français", donner du travail "aux Français d'abord". [...] Des rixes xénophobes éclatèrent dans le Nord, où des ouvriers belges furent molestés, lapidés et jetés dans des canaux. [...] La loi du 10 août 1932 permettait de fixer, par décret, le pourcentage maximal des emplois que les travailleurs étrangers pouvaient occuper dans les entreprises privées. À partir de 1934, le gouvernement Flandin - non désavoué sur ce point par le gouvernement Blum - accéléra, dès novembre 1934, le rythme de publication de ces décrets : 550 en quelques semaines, contre 72 entre 1932 et 1934. À la date du 25 novembre 1938, 671 décrets avaient été pris ! [...] Les Polonais et les Italiens venus en Lorraine après 1918 furent licenciés. [...] C'est donc par trains entiers que des travailleurs immigrés ou des étrangers sans ressources furent dirigés vers les frontières, sans que l'opinion publique y trouvât à redire. Que, dans ces conditions, le nombre des étrangers ait chuté, entre les deux recensements de 1931 et de 1936, de quelque 450 000 individus (parmi lesquels 350 000 exerçaient une profession active) n'est guère étonnant. »

– Dans la bibliographie qui conclut cette fiche-ressource, le DGESCO et les IGEN ont oublié de mentionner *Terre des hommes* (1939), où Antoine de

14. Perrin, 2002, p. 140-143.

Saint-Exupéry rapporte le caractère dramatique des expulsions d'étrangers, en l'occurrence de Polonais: «J'ai traversé vers une heure du matin le train dans toute sa longueur. Les voitures de troisième abritaient des centaines d'ouvriers polonais congédiés de France et qui regagnaient leur Pologne. [...] Ils n'avaient point trouvé l'hospitalité d'un bon sommeil. Et voici qu'ils me semblaient avoir à demi perdu qualité humaine, ballottés d'un bout de l'Europe à l'autre par les courants économiques, arrachés à la petite maison du Nord, au minuscule jardin, aux trois pots de géranium que j'avais remarqués autrefois à la fenêtre des mineurs polonais. Ils n'avaient rassemblé que les ustensiles de cuisine, les couvertures et les rideaux, dans des paquets mal ficelés et crevés de hernies. Mais tout ce qu'ils avaient caressé et charmé, tout ce qu'ils avaient réussi à apprivoiser en quatre ou cinq années de séjour en France, le chat, le chien, et le géranium, ils avaient dû les sacrifier et ils n'emportaient avec eux que ces batteries de cuisine.»

– Durant les années 1930, la France n'en est pas moins restée une terre d'asile pour les Juifs, en particulier pour ceux qui étaient persécutés dans l'Allemagne nazie, puis dans l'Autriche et la Tchécoslovaquie annexées par le IIIe Reich. La population juive installée en France passa d'environ 200 000 en 1930 à 300 000 en 1939.

Le procès de Nuremberg falsifié

Dans le nouveau programme d'histoire de première L-ES-S, figure aussi «La dénazification de l'Allemagne et le procès de Nuremberg».

La fiche-ressource du DGESCO et des IGEN, mise en ligne en juin 2011, indique à ce sujet: «Au cours d'un procès qui dure de novembre 1945 à septembre 1946, 22 hauts responsables nazis doivent répondre devant le tribunal international de Nuremberg de quatre chefs d'accusation : complot pour dominer l'Europe, crimes contre la paix, crimes de guerre et, véritable nouveauté juridique, crimes contre l'humanité. [...] Les peines prononcées à Nuremberg (12 condamnations à mort, 7 à la prison à vie et 5 acquittements) ne sont que l'un des aspects les plus connus de la dénazification. »

Encore un « outil pédagogique » officiel qui comporte bien des erreurs et des lacunes :

– Le procès de Nuremberg a commencé le 20 novembre 1945, mais il ne s'est pas achevé en septembre 1946[15]. Il s'est achevé le 1er octobre 1946, le jour où le président du tribunal, Lord Geoffrey Lawrence, a lu les sentences. Ce ne fut pas la journée la moins importante...

– Il ne faut pas parler du « tribunal international de Nuremberg », mais du « tribunal *militaire* international de Nuremberg », même si tous les juges étaient civils, à l'exception du général soviétique Nikitchenko. Cette appellation aurait été retenue pour éviter d'avoir à soumettre au Congrès américain la création d'une nouvelle juridiction, les tribunaux militaires relevant directement du président des États-Unis[16] ;

– Le premier chef d'accusation retenu contre les inculpés n'était pas le « complot pour dominer l'Europe » mais le « crime de complot » ou de « plan

15. Ni, d'ailleurs, en décembre 1946, comme le prétend à tort, en sa page 60, l'*Aide à la mise en œuvre des programmes d'histoire-géographie de première*, publiée, en novembre 2011, par le CNDP et le CRDP de l'académie de Versailles.

16. Voir François de Fontette, *Le Procès de Nuremberg*, PUF, « Que sais-je ? », 1996, p. 29.

concerté» en vue de commettre l'un des trois autres crimes jugés à Nuremberg: les «crimes contre la paix» (la guerre contre les États-Unis d'Amérique fut également considérée comme un «crime contre la paix» de la part de l'Allemagne), les «crimes de guerre» et les «crimes contre l'humanité»;

- Il n'y eut pas 5 acquittements prononcés à l'issue du procès, mais 3, au bénéfice de Hjalmar Schacht, Franz von Papen et Hans Fritzsche;

- Il n'y eut pas 7, mais 3 accusés condamnés à la détention perpétuelle: Rudolf Hess, Walter Funk et Erich Raeder;

- Il y eut 4 accusés condamnés à des peines de détention moins longues: Karl Dönitz à dix ans d'emprisonnement, Constantin von Neurath à quinze ans, Baldur von Schirach et Albert Speer à vingt ans. Ces deux derniers ont publié, après leur libération, on s'en souvient, des livres de souvenirs importants, l'un *J'ai cru en Hitler* (Plon, 1968), et le second *Au cœur du Troisième Reich* (Fayard, 1971), qui fut un best-seller, puis *Journal de Spandau* et *L'Empire SS* (Robert Laffont, 1975 et 1982).

Arrêtons ici cette liste. Elle suffit, me semble-t-il, à montrer le peu de sérieux avec lequel les directives et les textes ministériels ont été conçus. Mais leurs défauts ne s'arrêtent pas là.

5

Un charabia extravagant

Les 15 et 16 mars 2011, Laurent Wirth réunit au lycée Louis-le-Grand tous les IA-IPR d'histoire-géographie pour commenter les nouveaux programmes d'histoire et de géographie de première et de terminale.

Durant la réunion, il use et il abuse, comme les ministres, comme les recteurs, comme les DGESCO, comme ses collègues IGEN, du mot « pratique » : « pratiques éducatives », « pratiques d'enseignement », « pratiques de classe », « pratiques d'inspection », « pratiques innovantes », « pratiques scolaires », « pratiques cognitives », « pratiques de lecture », « pratiques didactiques », « pratiques pédagogiques », « pratiques artistiques », « pratiques scientifiques », « pratiques sociales », ou alors « pratiques violentes »... celles que ne peut contenir un professeur chahuté lorsqu'il échoue dans ce qu'ils appellent tous la « gestion du groupe classe ».

Laurent Wirth se flatte d'avoir introduit dans les nouveaux programmes la « rupture au niveau des temporalités » ainsi qu'une « approche très systémique», tout en «interrogeant la longue durée». Il parle sans cesse, comme les autres IGEN, de «problématiques», de «débats historiographiques», de «ruptures épistémologiques», de «choix stratégiques», d'«enjeux», de «défis», d'«articulations», de «fondamentaux», de «prérequis de base». Il s'écrie souvent: «Ça nous interpelle». Il n'emploie jamais le mot «date», remplacé par les expressions «repérage chronologique» ou «cadrage chronologique». Il invite à donner aux élèves des «clés de compréhension du monde contemporain», comme si le monde actuel était une serrure.

Depuis 2009, le Centre régional de documentation pédagogique (CRDP) de l'académie de Versailles a publié, nous l'avons dit, des *Aides à la mise en œuvre des nouveaux programmes* de nos disciplines pour les classes du collège et du lycée. Laurent Wirth et Michel Hagnerelle ont tenu à préfacer ces brochures présentées comme des «ouvrages de référence».

Dans l'avant-propos de l'ouvrage proposé pour la classe de sixième (octobre 2009), on peut lire: «Dès la classe de sixième, en convergence avec les dernières inflexions historiographiques et épistémologiques, une plus grande place est accordée aux acteurs d'une histoire qui assume son caractère sélectif et construit. Par le levier de la mise en intrigue et par la forte charge culturelle et patrimoniale qu'ils contiennent, les thèmes au programme mettent définitivement la discipline en rupture avec son appréhension téléologique.»

Dans l'ouvrage proposé pour la classe de cinquième (juillet 2010), on retrouve ces mêmes phrases, accompagnées des précisions suivantes.

Pour l'histoire: « Inscrite dans un lieu de production précis où s'expriment à la fois des demandes sociales, des mémoires vives et des horizons d'attente de plus en plus opaques, l'histoire s'inscrit dans le *faire* et l'*agir*, dans le sens où l'on parle de construction intellectuelle qui mêle vérité et nécessaire fiction dans la part de narrativité qui est mobilisée pour la dire. [...] Chaque temporalité peut avoir une multiplicité d'acteurs sociaux et il importe de bien expliquer aux élèves que leur saisine est toujours un acte intellectuel. On montre que l'individu, le groupe d'individus, la catégorie sociale, etc., ou bien la somme emboîtée et dialectisée de tous ces acteurs, est bien *captée* et fixée dans une temporalité précise. [...] La démarche d'investigation qui place l'élève au centre des apprentissages est beaucoup moins normative et linéaire que la démarche déductive qui fige l'apprenant dans son statut d'élève recevant d'*en haut* le récit du professeur. La démarche inductive induit un décentrage du discours en classe et une prise en compte réelle de l'apprenant. [...] *Donner du sens*, c'est avoir la capacité de repérer les synchronies. [...] Un repère chronologique permet de se situer dans la diachronie. »

Pour l'éducation civique: « Il est nécessaire de décortiquer le concept. [...] Il est important de faire prendre conscience aux élèves du processus de réflexion par des pauses de métacognition. [...] Par le biais du droit et de la conceptualisation, les élèves pourront mettre en tension le particulier et l'universel. »

Pour la géographie: « Il faut éviter les dérives de la géographie nomothétique ou modélisatrice. [...] La stratégie pédagogique de l'enseignant consiste à mettre l'élève en situation de réinvestissement des concepts par la formulation écrite ou orale. Mis en relation, ces concepts constituent alors une grille d'analyse qui permettra de décrypter l'organisation du territoire et le choix des acteurs face à des enjeux spatiaux. [...] Faute de références claires, il devient difficile de se situer par rapport aux autres, d'où l'emprunt parfois de voies non conformes aux normes sociétales et d'auto-exclusion. [...] Pour pouvoir être qualifié de *repère*, le lieu doit faire sens. Il devient repère en devenant opératoire. Le repère est repère car il produit du sens. »

Dans l'ouvrage proposé pour la classe de seconde (novembre 2010), intitulé *Clés pour l'enseignement de l'histoire et de la géographie* (toujours la métaphore de la serrure), on peut lire, *pour l'histoire*, les sous-titres suivants : « La permanence, dans les pratiques, de modèles conceptuels fondateurs », « L'avènement d'un nouveau régime d'historicité », « Mettre en intrigue l'opacité et l'imaginaire du passé par les traces », « Le texte d'histoire, une science-fiction à ambition véritative », « Une histoire discontinuiste à fortes finalités culturelles et civiques », « La sélection des temporalités et le jeu des échelles de temps », « Le présentisme brouille les temporalités et le temps », « Le temps et les acteurs de l'histoire : une alternative à l'histoire téléologique », « Pour une évaluation sommative critériée », etc.

On peut aussi lire les explications suivantes :

« Le programme de seconde intègre depuis de nombreuses années la discontinuité. Quittant le schéma déterministe où "l'avant expliquait l'après", l'approche du temps s'est complexifiée. Avec l'empire de la continuité qui a dominé jusqu'aux années 1980, le risque était une histoire reconstructive basée sur l'illusion de ne pas connaître la suite. Causes et conséquences s'enchaînaient mécaniquement, ou bien s'élaborait une *reconstruction rétrospective*: on présentait d'abord l'après afin de rechercher les explications causales pertinentes de production de situation. Le travail de généalogiste aboutissait à la construction d'une histoire déterministe, fataliste, peu satisfaisante du point de vue scientifique. Aujourd'hui, on interroge toujours des causes et conséquences, des ruptures et des continuités, mais les *moments historiques*, les temporalités dans lesquelles les acteurs agissent importent désormais plus que le récit linéaire des faits. Les historiens s'intéressent davantage à l'autonomisation des événements, aux processus activés pendant l'événement: le passé imaginé (les causes) ne produit plus un futur orienté (les conséquences). Cette évolution doit beaucoup à R. Koselleck, pour qui le *champ d'expérience* des individus (présence de leur passé) s'inscrit dans des temporalités naviguant entre mémoire, histoire et oubli tandis que l'*horizon d'attente* suit des logiques individuelles et collectives difficiles à faire rentrer dans un schéma temporel mécaniste. L'histoire discerne maintenant l'ensemble des interactions dans le passé *mis en intrigue* et abolit l'ancien schéma prédictif. [...]

Cette constitution d'une histoire de la mémoire entraîne un complet changement de paradigme épistémologique de l'histoire en général et donc de l'histoire enseignée. [...] En introduisant notamment une réflexion sur la place de l'historien dans l'histoire telle qu'il la fabrique et telle qu'il la dit et l'écrit, l'histoire devient plus réflexive et s'interroge sur le va-et-vient entre objectivité et subjectivité, sur l'impossible résurrection du passé et les enjeux de mémoire. L'écriture historienne est questionnée: l'histoire en tant que *reconfiguration* renvoie à l'ensemble des pratiques du présent. Les travaux de P. Ricoeur et de M. de Certeau ont montré une incomplétude de l'objectivité historienne, ébranlé les certitudes de l'opération historique. [...] Pour B. Latour, les faits de science sont entièrement sociaux, c'est-à-dire, construits et négociés par les "acteurs" pris dans le jeu des "réseaux socio-techniques", tout à la fois réels (naturels), collectifs (sociaux) et discursifs. [...] Dès lors, il s'agit d'étudier les possibles du "présent du passé", c'est-à-dire la dynamique de l'événement comme "espace d'expérience" et "horizon d'attente" pour ses acteurs. Cette démarche permet de leur redonner leurs places d'êtres agissants confrontés à des choix. [...]

Notre vision du passé est menacée aujourd'hui par l'omniprésence du *présentisme* qui est le produit d'une désarticulation entre le champ d'expérience et l'horizon d'attente, tels que les a définis R. Koselleck. Cette désarticulation peut nous amener aux limites de la rupture. Le présentisme contracte en effet le temps, brouille la notion de durée et rend opaque l'avenir en faisant croire que l'histoire a atteint son point d'ancrage. [...] L'approche mémorielle du passé est un moyen pour s'affranchir de ce présentisme: elle permet d'atteindre une certaine intelligibilité du temps en faisant découvrir à l'élève l'articulation centrale passé-présent/futur, entre temps cosmologique et temps intime. [...] Dans ce paradigme mémoriel, loin de se mettre au service d'une mémoire nostalgique, les historiens ont l'occasion de garder en ligne cette histoire des temps passés, jamais définitive, et de défendre aussi l'identité de leur discipline. [...]

L'historien doit naviguer sans cesse entre une analyse macrosociale et microsociale. [...] Il y a une forme de *déconstruction* du passé qui débouche sur une histoire associant en bout de chaîne analyse empirique et élaboration conceptuelle. [...] Réfléchir à l'opacité des traces du passé, souligner l'absent, l'indicible dans le récit, le statut de l'histoire comme *science-fiction* à ambition véritative, tout cela permet aux enseignants de défendre l'identité de leur discipline. [...] L'histoire est une science idiographique. [...] L'enseignant met en perspective ses choix documentaires de façon métacognitive », etc.

Pour la géographie, on peut lire : « Le développement durable a été élaboré comme une problématique s'interrogeant sur la dimension temporelle en mettant en avant la notion d'équité intergénérationnelle. [...] Il s'exerce à deux niveaux, interne au territoire et externe à celui-ci. Dans le premier cas, il faut prendre en compte les interrelations entre ses trois dimensions (identitaire, matérielle et organisationnelle) afin de générer de la durabilité "locale". Le rôle transactionnel des acteurs sociaux est primordial. Dans le second cas, se pose la question des interdépendances entre les différents territoires afin de générer non seulement de la durabilité "globale" mais aussi de l'équité socio-spatiale. [...] Les tenants de la "durabilité faible" considèrent que c'est la somme du capital naturel et du capital construit qui doit demeurer constante pour permettre le développement humain et que par conséquent ils peuvent se substituer l'un à l'autre. [...] Les tenants de la "durabilité forte" sont attachés aux principes d'entropie ou d'irréversibilité. »

Laurent Wirth et Michel Hagnerelle ont tout particulièrement apprécié ces textes. Leur préface se conclut par ces mots: «*Nous nous réjouissons de la publication par le CRDP de l'académie de Versailles de ce nouvel ouvrage très attendu, et tenons aussi à saluer le travail remarquable des auteurs*[17]. Les pistes ainsi ouvertes vont sans aucun doute aider les professeurs à s'approprier l'esprit des programmes et à trouver les modalités de mise en œuvre les mieux adaptées à la diversité des situations d'apprentissage dans les classes de seconde aujourd'hui.»

Ce qui ne pouvait qu'agréer à Alain Boissinot, recteur de l'académie de Versailles.

Les 5, 6 et 7 avril 2011, se tenait à l'École supérieure de l'Éducation nationale (ESEN), près de Poitiers, un séminaire organisé par le DGESCO, Jean-Michel Blanquer, et par le groupe IGEN d'histoire-géographie, pour l'ensemble des IA-IPR de ces disciplines. Y assistaient les IGEN Laurent Wirth, Michel Hagnerelle, François Louveaux, Juliana Rimane, Max Brisson et Ghislaine Desbuissons, ainsi que Laurent Carroué, qui en était l'organisateur. Ce séminaire portait sur l'usage qui peut être fait des technologies d'information et de communication dans l'enseignement scolaire (TICE). Il était intitulé: «L'enseignement de l'histoire et de la géographie aux défis du numérique».

On distribua d'abord à ses participants une «lettre de cadrage» de Laurent Carroué, dont voici quelques extraits: «Il faut rétablir et réarticuler le nécessaire

17. En caractères gras dans leur texte.

continuum numérique entre vie courante et système scolaire. Si tel n'était pas le cas, l'"insularisation" progressive de l'institution scolaire face aux mutations sociétales porterait en germe une grave crise structurelle menaçant la crédibilité, la place et la fonction de l'ensemble de l'institution. [...] Dans nos disciplines, *quid* du rapport au temps, à l'espace, à la citoyenneté ? Il faut passer d'une approche par et avec les TICE à une véritable démarche numérique de nature systémique qui intègre dans ses champs d'analyse et opératoires un nouveau continuum numérique. Promouvoir une logique systémique : articuler savoirs, démarches, outils. Peut-on parler aujourd'hui de crise paradigmatique du système scolaire français face au numérique ? [...] Il est clair qu'une véritable dynamique nationale doit articuler finement et solidairement l'ensemble des jeux d'échelle du système éducatif. »

On pouvait aussi entendre, durant ce séminaire, des intervenants proclamer : « On donnera sens grâce aux TICE. Un point névralgique : les mutations de la professionnalité. Il faut scolariser les habitus exogènes des élèves sans négliger leurs habitus endogènes, et en tenant compte de leur surcharge cognitive. On doit privilégier les systèmes d'intermédiation. Un concept émergent : la méta-classe qui est liée à la méta-cognition. On préférera les théories pratiques. Il faut définir le statut de l'image, engager une réflexion de nature structurelle et structurante, revenir aux fondamentaux didactiques, suggérer l'appropriation du questionnement et s'interroger sur les fonctionnalités qui nous interpellent. L'oral : un autre médium d'apprentissage. »

À la fin de chaque intervention, Laurent Wirth faisait ovationner les auteurs de ces « considérations éclairantes qui nous touchent et nous interpellent quelque part au niveau de notre ressenti », et il a ainsi conclu : « La mobilisation des TICE doit s'accompagner d'un profond changement de l'acte éducatif lui-même en s'interrogeant sur sa pertinence en termes d'acquisition de savoir, de savoir-faire et de savoir-être par les élèves. »

Le même Laurent Carroué, ancien président du jury de l'agrégation de géographie en 2008 et 2009, est président du jury du CAPES externe d'histoire-géographie. Le 7 février 2011, il a publié, pour les candidats à ce concours et aux agrégations externes d'histoire et de géographie en 2012-2013, une lettre d'accompagnement sur la nouvelle question de géographie thématique, « Géographie des conflits ». On peut y lire : « En combinant approches thématiques et régionales, l'objectif est de réfléchir aux articulations entre territoires, jeux et rivalités d'acteurs et conflits en décortiquant les processus de la conflictualité et ses modalités de territorialisation et de socialisation à toutes les échelles. »

Voilà de quoi éclairer les candidats et leurs préparateurs.

DEUXIÈME PARTIE

C'est par la tête que le poisson pourrit

Ainsi, une véritable débâcle menace-t-elle l'enseignement de l'histoire, de la géographie et de l'éducation civique. Les noms de certains responsables viennent de défiler, Nicolas Sarkozy, François Fillon, Xavier Darcos, Luc Chatel et d'autres dirigeants politiques notoires, mais aussi des personnages inconnus du grand public, Laurent Wirth, Michel Hagnerelle, François Perret, Erick Roser, Jean-Louis Nembrini, Jean-Michel Blanquer, Alain Boissinot, etc., qui sévissent, depuis longtemps, dans les instances dirigeantes du ministère de l'Éducation nationale, et qui y ont commencé leurs carrières de hiérarques sous d'autres gouvernements et même sous d'autres majorités politiques.

Les plus coupables parmi ces responsables sont les dirigeants politiques, pourvus d'une légitimité démocratique, et qui détiennent l'ultime pouvoir de décision. Parmi les autorités politiques, les plus coupables sont le président de la République et le gouvernement, plutôt que le parlement.

Certes, en vertu de la Constitution, le parlement vote la loi qui « détermine les principes fondamentaux de l'enseignement », et l'Assemblée nationale peut renverser le gouvernement. Mais, en matière d'Éducation nationale, bien des décisions essentielles - comme celles concernant les programmes - relèvent du règlement et sont arrêtées par l'exécutif, tandis qu'on imagine mal - et c'est sans doute regrettable - un gouvernement censuré par l'Assemblée nationale en raison de sa seule politique éducative.

Par ailleurs, en vertu de nos institutions et de la législation, ce sont le président de la République, le Premier ministre et le ministre de l'Éducation nationale qui nomment les principaux hauts fonctionnaires du ministère de l'Éducation nationale, les IGEN, les DGESCO, les recteurs, le SG et le DGRH, etc., chargés de préparer et d'appliquer leurs décisions.

De la classe politique, il n'y a pas grand-chose à attendre pour veiller au sérieux des connaissances qui doivent être transmises à nos écoliers, collégiens et lycéens, en histoire, en géographie et en éducation civique, tant elle est devenue inculte.

1

La classe politique ne maîtrise pas le « socle »

La « loi d'orientation et de programme pour l'avenir de l'école » du 23 avril 2005 a posé le principe selon lequel « la scolarité obligatoire devait au moins garantir à chaque élève les moyens nécessaires à l'acquisition d'un socle commun constitué d'un ensemble de connaissances et de compétences qu'il est indispensable de maîtriser pour accomplir avec succès sa scolarité, poursuivre sa formation, construire son avenir personnel et réussir sa vie en société ».

Le « socle » comporte sept *piliers* dont deux au moins concernent directement l'histoire, la géographie et l'éducation civique : « la culture humaniste » et « les compétences sociales et civiques ». En juin et août 2008, le BOEN a publié de nouveaux programmes d'histoire, de géographie et d'instruction ou d'éducation civique pour l'école primaire et le collège, qui répondent aux exigences du « socle ». Depuis 2011, le diplôme national du brevet (DNB) ne peut être délivré qu'aux collégiens qui satisfont à ces exigences.

Nombreux sont nos dirigeants politiques, même dotés de diplômes, qui ne maîtrisent pas le « socle ». Quelques exemples récents en témoignent.

En juin 2004, François Fillon, ministre de l'Éducation nationale, de l'Enseignement supérieur et de la Recherche, donne suite à un projet de son prédécesseur, Luc Ferry, en faisant publier par le CNDP un ouvrage de 433 pages intitulé *L'Idée républicaine aujourd'hui. Guide républicain*, et réalisé avec le concours de l'IGEN dont le doyen était alors Dominique Borne, tandis que Michel Hagnerelle était le doyen du groupe IGEN d'histoire-géographie. Il le fait imprimer à 250 000 exemplaires et distribuer dans tous les établissements scolaires. Il le destine notamment aux professeurs de français, d'histoire, de philosophie et d'éducation civique, ainsi qu'aux élèves qui pourraient le consulter au centre de documentation et d'information (CDI) de leur collège ou de leur lycée.

Au début du *Guide républicain* est retranscrit un discours de Jacques Chirac, président de la République, relatif au respect du principe de laïcité dans la République, et prononcé au palais de l'Élysée, le 17 décembre 2003, devant le Premier ministre, Jean-Pierre Raffarin, les ministres et les parlementaires. Jacques Chirac y affirmait : « De l'abolition des privilèges, la nuit du 4 août, à celle de l'esclavage le 27 avril 1848, la République a proclamé avec force sa foi dans l'égalité » (p. 10). Nul n'ignore pourtant que « l'abolition des privilèges » est intervenue durant la nuit du 4 août 1789 et ne saurait donc être une conquête de la République. Ainsi qu'il est indiqué dans les programmes d'histoire du primaire et du collège, la République a été proclamée pour la première fois, en France, le 21 septembre 1792. Jacques Chirac est pourtant diplômé de l'IEP de Paris et ancien élève de l'ENA, d'où il est sorti dans un rang qui lui a permis d'intégrer la Cour des comptes.

Dans ce *Guide républicain*, le premier « texte de référence » cité est la Déclaration des droits de l'homme et du citoyen (DDHC) du 26 août 1789 - qui doit, d'ailleurs, être affichée dans chaque salle de classe afin de « renforcer la transmission des valeurs de la République [18] ». Or, la DDHC du 26 août 1789 n'est pas à l'origine un texte « républicain ». Après avoir été votée par l'Assemblée constituante, qui n'était pas en majorité « républicaine », elle a été acceptée par le roi en octobre 1789 ; elle figure en tête de la Constitution que Louis XVI, roi des Français, a promulguée en septembre 1791 et qui a instauré en France une monarchie tempérée. Cette Déclaration n'est pas non plus laïque puisqu'elle affirme l'existence de l'« Être suprême ». La première Constitution républicaine, celle de 1793, comportait une autre DDHC que celle de 1789, et la Constitution républicaine de 1795 commençait par une « Déclaration des droits *et des devoirs* de l'homme et du citoyen ». Les Constitutions républicaines de 1799, 1802, 1848, et les lois constitutionnelles de 1875 qui ont fondé la IIIe République ne comprenaient pas de DDHC.

Il a fallu attendre 1946 pour que la référence aux droits et aux libertés de l'homme et du citoyen consacrés par la DDHC de 1789 figurât dans le préambule d'une Constitution républicaine, celle de la IVe République. Ce préambule proclamait aussi, on a trop tendance à l'oublier, plusieurs principes

18. Voir la circulaire de rentrée du 2 mai 2011, signée pour Luc Chatel par le DGESCO, Jean-Michel Blanquer.

politiques, économiques et sociaux, dont l'un nous importe directement: «La Nation garantit l'égal accès de l'enfant et de l'adulte à l'instruction, à la formation professionnelle et à la culture.» Les dispositions de ce préambule ont été reprises dans celui de la Constitution de la Ve République.

Dans le *Guide républicain*, figure, parmi les « repères chronologiques»: «27 septembre 1791: tous les Juifs de France deviennent citoyens (à condition de renoncer à leur statut communautaire).» Mais le décret d'émancipation des Juifs ne fait pas partie des « textes de référence» du même guide. Le voici, tel qu'il a été promulgué par Louis XVI, le 13 novembre 1791: « Louis, par la grâce de Dieu et par la loi constitutionnelle de l'État, roi des Français, à tous présents et à venir, salut. L'Assemblée nationale a décrété et nous voulons et ordonnons ce qui suit: Décret de l'Assemblée nationale du 27 septembre 1791: L'Assemblée nationale considérant que les conditions nécessaires pour être citoyen français et pour devenir citoyen actif sont fixées par la Constitution, et que tout homme qui, réunissant lesdites conditions, prête le serment civique et s'engage à remplir tous les devoirs que la Constitution impose, a droit à tous les avantages qu'elle assure; révoque tous arguments, réserves et exceptions insérés dans les précédents décrets relativement aux individus juifs qui prêteront le serment civique, qui sera regardé comme une renonciation à tous privilèges introduits précédemment en leur faveur.» Il ne s'agit pas là d'un décret « républicain», pour les mêmes raisons que la DDHC n'est pas un texte « républicain».

Le 17 mars 1808, Napoléon promulgua un décret, connu sous le nom de « décret infâme», qui soumettait de nouveau les Juifs à une législation d'exception. Ce décret était valable pour dix ans et donc renouvelable en 1818. C'est Louis XVIII, roi de France, qui s'abstint alors de le proroger.

Par ailleurs, le premier texte en faveur des « gens de couleur », le décret du 28 septembre 1791, n'est pas non plus « républicain ». Il a, lui aussi, été adopté par l'Assemblée nationale et promulgué quelques jours plus tard par Louis XVI, roi des Français : « Article 1. Tout individu est libre aussitôt qu'il est entré en France. Article 2. Tout homme, de quelque couleur qu'il soit, jouit en France de tous les droits de citoyen, s'il a les qualités prescrites par la Constitution pour les exercer. » La « France » signifiait dans ce texte la « métropole », à l'exception des colonies.

En outre, contrairement à ce que laisse entendre le *Guide*, l'enseignement, et, pour ce qui nous regarde, celui de l'histoire-géographie, ne s'est pas uniquement développé sous les Républiques. L'agrégation d'histoire et de géographie a été créée, le 19 novembre 1830, par Louis-Philippe, au tout début de son règne. Présentant aux députés son projet de loi sur l'instruction primaire en janvier 1833, François Guizot, ministre de l'Instruction publique, distinguait les « connaissances indispensables à tous », de celles qui « sont utiles à beaucoup » ; parmi ces dernières, il citait « la géographie qui nous apprend les divisions de cette terre que nous habitons, l'histoire par laquelle nous cessons d'être étrangers à la vie et à la destinée de notre espèce, surtout l'histoire de notre patrie qui nous unit à elle ». Le statut des écoles primaires élémentaires d'avril 1834 prévoyait que « des notions de la géographie et de l'histoire de la France pourraient être données aux élèves les plus avancés [les élèves de plus de dix ans] ». L'enseignement dans notre pays, et en particulier celui de l'histoire-géographie, doit aussi beaucoup au Second Empire (voir le début et la fin de ce livre).

À tous ceux, et ils sont nombreux, qui rabâchent le mot « République », comme si elle était aujourd'hui menacée dans notre pays, on fera également observer qu'il n'y a à peu près plus personne en France, même si la loi ne l'interdit pas, pour réclamer la restauration de la royauté ou le rétablissement de l'empire. Du reste, la royauté ou l'empire ne sont pas forcément incompatibles avec le respect des droits de l'homme et la démocratie représentative. Élisabeth II n'impose pas une dictature au Royaume-Uni, au Canada, à l'Australie, à la Nouvelle-Zélande, etc., pas plus que l'empereur Akihito n'inflige une tyrannie au Japon. Tandis que la République de Cromwell, la République de Salò, la République démocratique allemande n'évoquent pas la garantie des libertés individuelles et collectives. Pour ma part, je reste attaché au « régime de ma nourrice »...

Il est bien dommage enfin que ne se trouve pas, dans l'« anthologie » de 300 pages que comporte le *Guide républicain*, cette citation de Charles Péguy tirée de *Notre jeunesse* (1910) : « La mystique républicaine, c'était quand on mourait pour la République, la politique républicaine, c'est à présent qu'on en vit. »

Prenons d'autres exemples.

Le 12 septembre 2010, Nicolas Sarkozy se rend en famille à la grotte de Lascaux, accompagné de son ministre de la Culture, Frédéric Mitterrand, et du paléontologue Yves Coppens ; il y déclare : « Le brave Neandertalien avait parfaitement compris qu'ici, c'était plus tempéré qu'ailleurs, qu'il devait y avoir du gibier, qu'il faisait beau et qu'il y faisait bon vivre.» Or, l'homme de Neandertal avait disparu de la région il y a 35 000 ans, et c'est l'homme de Cro-Magnon (dit, bien à tort, *homo sapiens*) qui a peint les parois de la grotte, il y a près de 17 000 ans. L'erreur porte donc sur 18 000 ans. Parmi les questions à étudier dans le nouveau programme d'histoire du CE2, du CM1 et du CM2, figure «Lascaux il y a 17 000 ans».

Le 27 octobre 2011, Nicolas Sarkozy déclare sur TF1 et France 2: «Quand vous regardez la série récente, là, les Borgia, on voit que le concert des nations du monde au XVIe siècle, c'était quatre, cinq pays: ça se discutait entre l'Italie, l'Espagne, l'Allemagne, l'Angleterre et la France.» Or, au XVIe siècle, ni l'Italie, ni l'Allemagne n'existaient; il y avait même près de cinq cents États allemands. Le royaume d'Italie date de 1861, et l'Empire allemand de 1871. L'étude de «l'unité italienne» ou de «l'unité allemande» figure dans le nouveau programme d'histoire de quatrième (troisième partie: «L'affirmation des nationalismes au XIXe siècle»).

Le 29 janvier 2012, Nicolas Sarkozy déclare sur neuf chaînes de télévision: «Au Royaume-Uni, ils n'ont plus d'industrie.» Or, d'après les statistiques du FMI, l'industrie représentait, en 2011, à peu près 21,6 % du PIB britannique, une proportion supérieure à celle de l'industrie dans le PIB français (18,5 %). L'étude des principales puissances de l'Union européenne figure dans le nouveau programme de géographie de troisième.

Le 23 septembre 2009, Nicolas Sarkozy, titulaire d'une maîtrise de droit et d'un DEA de sciences politiques, ancien avocat, président de la République, et, par conséquent, garant du respect de la Constitution, déclare sur TF1 et France 2, à propos de l'affaire Clearstream : « Au bout de deux ans d'enquête, deux juges indépendants ont estimé que les coupables devaient être traduits devant un tribunal correctionnel. » Or, il est écrit, dans la DDHC du 26 août 1789, à laquelle renvoie le préambule de la Constitution, que « tout homme est présumé innocent jusqu'à ce qu'il ait été déclaré coupable » (article 9) ; il est aussi écrit, dans l'article préliminaire du code de procédure pénale, que « toute personne suspectée ou poursuivie est présumée innocente tant que sa culpabilité n'a pas été établie » ; il est enfin écrit, dans l'article 9-1 du code civil, que « chacun a droit au respect de la présomption d'innocence. » L'étude de la DDHC de 1789 figure dans les nouveaux programmes d'histoire du CE2, du CM1, du CM2 et de quatrième, celle de la « présomption d'innocence » dans le nouveau programme d'éducation civique de quatrième.

Mais bien sûr, Nicolas Sarkozy n'est pas le seul à ignorer l'histoire-géo. Prenons quelques autres exemples.

François Bayrou, avait publié, avant d'être ministre de l'Éducation nationale (1993-1997), un livre intitulé *1990-2000, La Décennie des mal-appris*. Dans le dernier chapitre, il imagine ce que pourrait être un excellent cours d'histoire sur la Révolution française. Il raconte que le professeur devrait utiliser un film montrant, pour commencer, ce qu'étaient, dans les années 1780, « les pouvoirs respectifs du roi [...], des ministres et du Parlement [19] ». Pas de chance pour François Bayrou, ancien khâgneux, agrégé de lettres classiques, député et, à l'époque, président du

19. *1990-2000, La Décennie des mal-appris*, Flammarion, 1990, p. 211.

« groupe permanent de lutte contre l'illettrisme » : à la fin de l'Ancien Régime, il n'y avait pas un Parlement, mais treize Parlements dans notre pays. Et, même si certains cherchaient à jouer un rôle politique, surtout celui de Paris, leur fonction essentielle consistait à rendre la justice au nom du roi, en examinant directement les causes les plus importantes et en jugeant les autres en appel. L'étude de cette période de notre histoire figure dans le nouveau programme d'histoire de quatrième.

François Bayrou rencontre aussi des problèmes avec l'éducation civique. Le 22 mai 2011, au Grand Jury de RTL-LCI-*Le Figaro*, il déclare : « Le respect de la vie privée est garanti dans notre pays par plusieurs articles du code pénal. » Or, un seul article garantit le respect de la vie privée en France, et c'est un article du code civil, l'article 9 : « Chacun a droit au respect de sa vie privée. » Le « droit au respect de la vie privée » figure dans le nouveau programme d'éducation civique de la classe de quatrième.

Le 15 décembre 2009, Nadine Morano, titulaire d'un DESS, secrétaire d'État chargée de la Famille et de la Solidarité, et qui devait devenir ministre chargée de l'Apprentissage et de la Formation professionnelle, est interrogée par le quotidien *Vosges Matin* à propos des critiques qui lui sont faites pour avoir choisi la commune de Charmes, où était né Maurice Barrès, afin de débattre de l'« identité nationale ». Elle répond : « Je n'ai pas à me justifier pour venir à Charmes, ce sont des procédés scandaleux. C'est comme si on disait : l'édit de Nantes a été signé à Versailles. Il a créé la guerre entre catholiques et protestants. On ne vient plus à Versailles. » (*Sic*, *sic* et *sic*.) L'étude du thème « Henri-IV et l'édit de Nantes » figure dans le nouveau programme d'histoire du CE2, du CM1 et du CM2.

Le 15 mars 2011, Cécile Duflot, diplômée de l'ESSEC et titulaire d'un DEA de géographie, est interrogée par BFM TV sur les risques d'irradiation pour la France métropolitaine après la catastrophe de la centrale nucléaire de Fukushima, et elle répond : « On ne peut pas le savoir aujourd'hui. La probabilité en France métropolitaine est faible, mais on ne peut jamais savoir avec certitude. La météorologie fait que, cet accident étant survenu dans l'hémisphère sud [*sic*], *a priori* le système de vents reste dans l'hémisphère sud [re-*sic*], mais on ne peut pas en être certain. » Le Japon figure dans le nouveau programme de géographie de quatrième et fait partie des « repères que l'élève doit être capable de localiser et de situer à la fin de la scolarité obligatoire ».

Le 22 février 2011, sur Canal+, on demande les dimensions d'un hectare à Bruno Le Maire, normalien, agrégé de lettres modernes, diplômé de l'IEP de Paris, énarque, ministre de l'Agriculture, de l'Alimentation, de la Pêche, de la Ruralité et de l'Aménagement du territoire. Il répond : « Ben, c'est un hectare... mais je n'ai jamais été doué en maths. » Un agriculteur, proche de lui sur le plateau, lui souffle : « Ça fait 10 000 mètres carrés, monsieur le ministre, 100 mètres sur 100 mètres. » Et Bruno Le Maire de s'interroger, perplexe : « Ça fait 10 000 mètres [*sic*], 100 mètres sur 100 mètres ? »

Le 18 octobre 2011, le même Bruno Le Maire déclare, au siège de la FAO à Rome : « Il faudra nourrir en 2050 une population qui comprendra alors 9 milliards d'êtres humains. » Voici notre *fort en thème* transformé en extralucide. Il prévoit pour la

Planète ce que seront la natalité et la mortalité dans les quarante ans à venir... Il est vrai que cette prévision totalement hasardeuse se trouve aussi dans le nouveau programme de géographie de seconde signé en avril 2010, pour Luc Chatel, par le DGESCO Jean-Michel Blanquer, et préparé par les IGEN d'histoire-géographie, sous la direction de Laurent Wirth et de Michel Hagnerelle. Ces devins connaîtraient-ils, par exemple, l'ensemble des guerres et des pandémies qui peuvent se produire d'ici 2050 ?

La palme revient sans doute à François de Mazières, aujourd'hui député-maire de Versailles. Il a fait ses études dans cette ville et il y habite depuis longtemps. Diplômé de l'IEP de Paris et énarque, il a été conseiller pour la culture de Jean-Pierre Raffarin à Matignon. Il est, depuis 2004, président de la Cité de l'architecture et du patrimoine. Il a été, durant treize ans, maire adjoint de Versailles chargé de la culture, avant d'en devenir le premier magistrat en 2008. Il a publié, en 2000, un livre intitulé *La Culture n'est pas un luxe*. En novembre 2008, il écrit dans le magazine municipal de Versailles : « La célébration du quatre-vingtième anniversaire de l'armistice du 11 novembre 1918 va utilement nous rappeler que notre pays a connu dans son histoire des moments autrement plus graves et douloureux. La ville de Versailles, où fut signé l'armistice, se devait de célébrer dignement cet événement et la mémoire de tous ceux qui ont donné leur vie pour notre pays. Ce journal vous présente le programme mis en place pour cette célébration. »

Or, l'armistice du 11 novembre 1918 a été signé dans une clairière de la forêt de Compiègne, près de la gare de Rethondes. François de Mazières confond cet armistice et le traité de paix qui fut conclu le

28 juin 1919, dans la galerie des Glaces du château de Versailles, entre la France, ses alliés et l'Allemagne. «Le 11 novembre 1918: armistice de la Grande Guerre» figure parmi les questions à étudier dans les nouveaux programmes d'histoire du CE2, du CM1 et du CM2, et, à l'identique, parmi les «repères historiques que l'élève doit connaître et savoir utiliser à la fin de la scolarité obligatoire». La promotion de François de Mazières à l'ENA s'appelle «Fernand Braudel»...

À l'instar de Martine Aubry, nos dirigeants disent presque tous «excessivement» quand ils veulent dire «extrêmement», et ils opposent, presque tous, les Africains aux Maghrébins, comme si le Maghreb ne se trouvait pas en Afrique.

Le souci de l'exactitude, de la rigueur et de la précision ne sont pas les premières qualités de nos dirigeants politiques, comme elles ne sont pas davantage celles des hauts fonctionnaires qui préparent et mettent en œuvre leurs décisions.

Voici quelques précisions maintenant sur ces hiérarques.

2

Les inspecteurs généraux de l'Éducation nationale à la dérive

Au commencement étaient les inspecteurs généraux de l'Instruction publique (IGIP), créés en mars 1852, et dont la mission essentielle a longtemps été l'inspection individuelle des professeurs.

Au début des années 1960, le nombre des professeurs a explosé et les 125 IGIP n'ont plus suffi pour les inspecter. Les inspecteurs pédagogiques régionaux (IPR) ont été institués en 1964 pour prendre progressivement en charge l'inspection individuelle et une partie de l'évaluation de la plupart des professeurs des collèges et lycées publics et privés sous contrat. Ils sont aujourd'hui environ 1 050, toutes disciplines confondues, dont plus de 80 pour l'histoire-géographie. Les quelque 160 inspecteurs généraux de l'Éducation nationale (IGEN) - la nouvelle appellation des IGIP depuis 1980, le ministère de l'Instruction publique était devenu celui de l'Éducation nationale dès 1932 - n'inspectent plus théoriquement que les professeurs qui aspirent à enseigner dans les classes préparatoires aux grandes écoles (CPGE) ou ceux qui y enseignent déjà, mais ils délèguent de plus en plus ces fonctions aux IPR. Les IGEN inspectent aussi les professeurs agrégés en conflit avec leur IPR pour leur titularisation ou leur avancement.

Les IGEN n'inspectent donc plus guère, mais leurs missions sont considérables. D'après les textes officiels, le corps des IGEN assure, sous l'autorité du ministre de l'Éducation nationale, une mission permanente de contrôle, d'étude, d'information, de conseil et d'évaluation. Sa mission d'évaluation porte sur les types de formation, les contenus d'enseignement, les programmes, les méthodes pédagogiques, les procédures et les moyens mis en œuvre. Il participe au contrôle des personnels d'inspection, de direction, d'enseignement, d'éducation et d'orientation. Il prend part à leur recrutement, à leur formation et à l'évaluation de leur activité. Il coordonne, en liaison avec les autorités académiques (les recteurs), l'action de tous les corps d'inspection à compétence pédagogique. Il formule à l'intention du ministre, pour la mise en œuvre de la politique éducative, les avis et propositions relevant de ses compétences.

Parmi ces missions, l'une des plus importantes consiste à élaborer les programmes et les aides à leur mise en œuvre, en liaison avec le ministre, son cabinet et le DGESCO.

Les IGEN sont recrutés de deux façons.

– Quatre IGEN sur cinq sont nommés par le président de la République, sur proposition du ministre de l'Éducation nationale, en présentant certaines garanties de compétences : ils doivent avoir accompli dix années de services effectifs dans l'Éducation nationale, être titulaires d'un doctorat ou de l'habilitation à diriger des recherches, de l'agrégation ou d'un titre équivalent, et avoir enseigné pendant cinq ans. Les candidats doivent avoir « atteint un haut niveau d'expertise dans leur discipline et posséder une parfaite connaissance de l'institution éducative ». Ils doivent adresser leurs dossiers de candidature au doyen de l'IGEN qui préside une commission consultative comprenant sept IGEN, sept directeurs de l'administration centrale ou des établissements publics sous tutelle et sept professeurs des universités, tous désignés par le ministre.

La plupart des candidats, même ceux qui présentent d'excellents dossiers, reçoivent du doyen de l'IGEN, en guise de réponse, une lettre circulaire, invariable d'un doyen à l'autre et ainsi rédigée : « La commission consultative de recrutement des inspecteurs généraux a examiné votre candidature en séance plénière. Le très grand nombre de candidats n'a pas permis de vous retenir pour l'entretien qu'elle organise avant de faire des propositions au ministre. Je tiens néanmoins à vous remercier de l'intérêt pour l'inspection générale dont témoigne votre candidature. Veuillez trouver, ci-joint, en retour votre dossier. » Le président de la République et le ministre choisissent le candidat de leur choix sur la liste de présentation préparée par la commission consultative pour chaque emploi vacant.

Il s'agit donc, pour quatre IGEN sur cinq, d'une cooptation contrôlée par le pouvoir politique.

– En vertu d'une loi de 1984 et d'un décret de 1989, un IGEN sur cinq est nommé au « cinquième tour » ou « tour extérieur », en Conseil des ministres, et doit remplir une seule condition : « Être âgé de quarante-cinq ans accomplis ». La commission chargée d'apprécier l'aptitude à exercer les fonctions d'IGEN émet un simple avis, qui peut être « favorable » ou « réservé », c'est-à-dire défavorable, et qui est communiqué au Conseil des ministres. Celui-là est théoriquement « entendu », mais ne conteste jamais la décision qui est déjà prise : l'impétrant est nommé IGEN par un décret à la signature du président de la République, du Premier ministre et du ministre de l'Éducation nationale.

Il s'agit donc, pour un IGEN sur cinq, d'une nomination réservée à des amis politiques du pouvoir en place, quelles que soient leurs compétences.

Les activités du corps des IGEN sont dirigées par le doyen de l'IGEN, nommé par le ministre parmi les IGEN, pour une durée de cinq ans renouvelable. Les doyens récents de l'IGEN furent successivement, de 2003 à 2005, l'ancien doyen du groupe IGEN d'histoire-géographie, Dominique Borne, de 2005 à 2010, François Perret, qui venait du cabinet de Xavier Darcos, et, depuis 2010, Erick Roser, ex-conseiller au cabinet de Luc Chatel pour les affaires pédagogiques.

Les activités de chaque groupe d'IGEN spécialisés dans une ou plusieurs disciplines sont coordonnées par un doyen nommé par le ministre parmi les IGEN du groupe, pour une durée de deux ans renouvelable deux fois. Les doyens récents du groupe IGEN d'histoire-géographie furent successivement Jean-Louis Nembrini de 2000 à 2002, Michel Hagnerelle de 2002 à 2008, et, depuis 2008, Laurent Wirth (passé en 2000 par le cabinet de Jack Lang). Les doyens du groupe IGEN d'histoire-géographie prennent toujours en charge les académies de la Guadeloupe et de la Martinique. Ils affectionnent aussi celles de la Guyane, de Nice et de la Corse.

Il y a actuellement douze IGEN d'histoire-géographie. Neuf le sont devenus par la voie ordinaire : les historiens Alain Bergounioux, Ghislaine Desbuissons,

Tristan Lecoq, Olivier Pétré-Grenouilleau, Yves Poncelet et Laurent Wirth, les géographes Laurent Carroué, Michel Hagnerelle et François Louveaux. Trois ont été nommés au « tour extérieur » : Juliana Rimane, Max Brisson et Joëlle Dusseau.

Juliana Rimane a d'abord été bibliothécaire, à la bibliothèque municipale de Créteil puis au conseil général de la Guyane. De 2002 à 2007, elle a été députée UMP de la Guyane, en remplacement de Léon Bertrand, ministre du Tourisme. En 2007, Léon Bertrand et elle, sa suppléante, ont été battus aux élections législatives.

Quelques mots sur Léon Bertrand, car son cas est édifiant. Ancien professeur d'enseignement général de collège, il a été nommé IGEN au « tour extérieur » en février 2008 et a dû prendre sa retraite en mai 2011, après que le premier président de la Cour des comptes, Didier Migaud, eut écrit à François Fillon, le 28 octobre 2010, que « son activité d'IGEN ne se situait pas à la hauteur du plan de charge normal d'un IGEN et apparaissait sans commune mesure avec les rémunérations versées » : « Il n'a été possible de retrouver que des traces matérielles minimes attestant son activité effective au sein de l'IGEN, la participation à une dizaine de réunions entre octobre 2009 et juillet 2010. » Il est vrai que, durant cette période, Léon Bertrand avait passé plus de trois mois en détention provisoire, après avoir été mis en examen pour délits de « favoritisme et corruption passive ». Il n'en perçoit pas moins une retraite d'IGEN.

Juliana Rimane, qui n'avait jamais enseigné, a été nommée IGEN au « tour extérieur » par un décret en Conseil des ministres à la signature de Nicolas Sarkozy, François Fillon et Xavier Darcos, malgré un avis « réservé » de la commission compétente de l'IGEN. Le doyen de l'IGEN, François Perret, l'a alors placée dans le groupe IGEN d'histoire-géographie « en raison de ses compétences », avec l'accord de Laurent Wirth ; ensuite, Erick Roser n'a rien trouvé à y redire.

En janvier 2011, cette nomination a valu à Juliana Rimane quelques commentaires acides du journaliste Augustin Scalbert, sur le site Internet *Rue89*. Elle a alors adressé à *Rue89* un « droit de réponse » dont voici les extraits essentiels qui sont plutôt savoureux :

« J'ai été intégrée dans le groupe disciplinaire “histoire-géographie-éducation civique” tout simplement parce que j'étais historienne de formation [elle ne confirme pas ici être titulaire d'un doctorat d'histoire, ainsi qu'elle l'a fait inscrire dans la notice du *Who's Who 2008*]. Monsieur Bambuck, ancien champion d'athlétisme et ancien ministre, a été lui intégré, à son époque, dans le groupe “éducation physique et sportive”. [...]

Nous savions bien avant que l'avis de la commission serait “réservé”. Pour le comprendre, il suffit de se référer à sa composition : soit des inspecteurs généraux (anciens professeurs), hauts fonctionnaires, tous formés dans le même moule selon leurs branches professionnelles. Vous pensez bien que ces personnes ne voyaient pas d'un bon œil l'arrivée d'une personne, non issue du sérail puisque n'ayant pas suivi le même cursus qu'eux, de surcroît nommée par le pouvoir politique en place. Quelle horreur ! N'en déplaise à ce journaliste, j'ai bien été intégrée dans le groupe “histoire-géographie-éducation civique” où j'ai entamé une formation car il ne s'agit pas du même métier que celui d'enseignant. Dès la première année, j'ai représenté mon groupe dans celui, transversal, chargé d'un rapport sur la scolarisation d'élèves en situation de handicap, de même que j'ai fait partie du groupe d'évaluation DP3 (découverte professionnelle, 3 heures) au collège. Dès la deuxième année, j'ai eu la responsabilité de deux académies [Caen et Limoges] dans lesquelles, en ma qualité d'inspectrice générale, je dois veiller avec les inspecteurs académiques à la bonne application dans l'académie des programmes et du renouvellement des pratiques professionnelles, ceci pour un meilleur enseignement de la discipline, à un moment où l'on réformait le bac professionnel, les programmes du lycée et du collège. L'inspecteur général est le représentant du ministre pour l'élaboration des sujets du baccalauréat quand ses académies en ont la responsabilité. J'aurai à assurer cette responsabilité encore cette année, tout en menant une réflexion sur la rénovation du brevet professionnel. Il ne s'agit ici de vous présenter que quelques éléments de la fonction qui est très diversifiée. […]

Madame, Monsieur, sachez que moi, Juliana Rimane, effectue avec une grande conscience mes fonctions professionnelles et responsabilités associatives et politiques. Je ne laisserai personne, qu'elles qu'en soient les raisons, surtout ceux qui encore sournoisement douteraient de nos capacités, m'intenter un procès en incompétence avec autant de légèreté. »

Quoi qu'il en soit, l'inspectrice générale Juliana Rimane ne précise pas si elle est à l'aise lorsqu'elle doit inspecter des professeurs agrégés dans les académies de Caen et de Limoges. Elle n'intervient à peu près jamais dans les réunions que les IGEN tiennent avec les IPR d'histoire-géographie.

Autre nomination récente au « tour extérieur », celle de Max Brisson en octobre 2009, par un décret en Conseil des ministres à la signature de Nicolas Sarkozy, François Fillon et Luc Chatel. Certes, Max Brisson est agrégé d'histoire. Mais il présente d'autres qualités : il est conseiller général UMP du canton de Biarritz-Ouest et maire adjoint UMP de Biarritz, délégué aux travaux, aux aménagements urbains, à la voirie et aux bâtiments communaux, une délégation particulièrement prenante et intéressante dans cette cité balnéaire. Il y a moins d'un an, le bureau politique de l'UMP l'a nommé secrétaire départemental de l'UMP des Pyrénées-Atlantiques. Lorsque Nicolas Sarkozy, candidat à l'élection présidentielle, a été chahuté, en compagnie de Michèle Alliot-Marie, le 1er mars 2012, dans les rues de Bayonne, Max Brisson s'est publiquement insurgé : « Les militants socialistes présents avec leurs élus ont aujourd'hui perdu tout sens de la tradition républicaine », puis il a lancé à Colette Capdeville, conseillère municipale socialiste de Bayonne et candidate aux élections législatives : « Vous faites alliance avec les indépendantistes pour empêcher un candidat de faire campagne. » (*Le Monde* du 3 mars 2012.) Le 22 décembre 2010, Jean-Louis Nembrini, recteur de l'académie de Bordeaux, lui avait remis les insignes de chevalier de l'ordre des Palmes académiques, et Max Brisson avait déclaré en le remerciant : « J'ai appris davantage encore le sens de l'État en travaillant avec Michèle Alliot-Marie, celui aussi de la fidélité aux valeurs gaullistes et humanistes. »

Max Brisson, lui aussi, intervient très peu dans les réunions que les IGEN tiennent avec les IPR d'histoire-géographie.

Joëlle Dusseau est la troisième IGEN d'histoire-géographie à avoir été nommée au « tour extérieur » ; c'était en octobre 1999, après avoir perdu son mandat de sénateur PRG de la Gironde en 1998. Titulaire d'une agrégation d'histoire-géographie et d'un doctorat en histoire, elle a alors consacré l'essentiel de son temps à son nouveau métier d'IGEN. Ce qui n'a pas été le cas de deux IGEN d'histoire-géographie nommés dans ces fonctions par la voie ordinaire, Alain Bergounioux et Tristan Lecoq.

Alain Bergounioux, le seul IGEN d'histoire-géographie passé par la rue d'Ulm, conseiller au cabinet de Michel Rocard de 1988 à 1991, a été nommé IGEN en 1991. Il a plus tard appartenu aux cabinets de Catherine Trautmann en 1997-1998, et de Michel Sapin de 2000 à 2002. C'est un quasi-apparatchik du PS : secrétaire national de ce parti, successivement à la formation (1995-1997), à la communication (1997-2003) et aux études depuis 2003. Rocardien puis strauss-kahnien, il est, depuis longtemps, membre du bureau national et du conseil national du PS. Il est actuellement vice-président d'« Inventer à gauche », et directeur de *La Revue socialiste*. Fin 2011, Martine Aubry lui a confié un « travail d'analyse critique de la candidature Le Pen » (*Le Monde* du 28 décembre 2011). Lorsqu'il assiste aux réunions des IGEN avec les IPR, il n'apparaît jamais plus d'une demi-journée, mais n'oublie jamais de porter sa rosette gagnée au champ d'honneur. Les doyens successifs du groupe IGEN d'histoire-géographie lui ont confié l'élaboration des programmes d'éducation civique et d'ECJS, une tâche délicate dont il s'est parfois acquitté avec retard.

Quant à Tristan Lecoq, après être passé par les cabinets de François Léotard et de Philippe Douste-Blazy de 1993 à 1997, il a été nommé IGEN en 2003. Il est devenu conseiller de Dominique de Villepin à Matignon, de 2005 à 2007, puis directeur du Centre international d'études pédagogiques de 2007 à 2010, fonction qu'il a dû céder à François Perret lorsque ce dernier a cessé d'être doyen de l'IGEN. On a très peu vu Tristan Lecoq intervenir dans les réunions que les IGEN organisent avec les IPR.

Olivier Pétré-Grenouilleau ne fait pas non plus partie des plus assidus, ni des plus bavards.

Laurent Wirth pour l'histoire et Michel Hagnerelle pour la géographie sont les plus actifs depuis quelques années.

Je me rappelle une intervention de Laurent Wirth lorsqu'il a réuni les IPR, le 24 janvier 2011, pour la mise en œuvre des nouveaux programmes de quatrième. Il nous a suggéré de faire « pratiquer la transversalité » (*sic*) qui consiste, par exemple, à associer l'enseignement de l'histoire et celui de la littérature française : à propos des Trois Glorieuses de juillet 1830, il a souhaité que les professeurs évoquent la mort de Gavroche. Il ignore que cette scène des *Misérables* ne se déroule pas durant les Trois Glorieuses, mais lors d'une manifestation républicaine organisée le 5 juin 1832 à l'occasion des funérailles du général Lamarque [20]. Il a pourtant été quelque temps professeur de CPGE au lycée Henri-IV.

Durant une réunion analogue, Michel Hagnerelle a parlé d'inscrire dans l'enseignement facultatif d'histoire-géographie de la terminale scientifique des thèmes susceptibles d'allécher les élèves, tel « Le football, mondialisation et géopolitique depuis les années 1930 ». Des IPR ont protesté parce qu'ils souhaitaient qu'on optât pour le rugby. Des IPR du sexe féminin

20. Voir le *Lagarde et Michard* du XIXe siècle, p. 203.

ont fait observer qu'il s'agissait de sports trop masculins. Le thème retenu pour le programme officiel a finalement été: « Sport, mondialisation et géopolitique depuis les années 1930 ». Ainsi en va-t-il d'une fructueuse coopération entre les IGEN et les IPR.

3

Deux directeurs généraux de l'enseignement scolaire emblématiques

La DGESCO - appelée DESCO jusqu'à la réorganisation de l'administration du ministère de l'Éducation nationale en 2006 - joue un rôle essentiel dans les domaines qui nous préoccupent. En concertation avec les IGEN, elle élabore la politique éducative et pédagogique ainsi que les programmes d'enseignement des écoles, collèges et lycées. Elle définit le cadre et assure l'animation des actions de formation continue organisées dans les établissements du second degré. En liaison avec la DGRH, elle définit la politique de recrutement des enseignants du premier et du second degré.

Les deux titulaires de la DGESCO depuis 2007 ont été Jean-Louis Nembrini, jusqu'en 2009, et ensuite Jean-Michel Blanquer.

Jean-Louis Nembrini, IGEN d'histoire-géographie de 1993 à 2000, doyen du groupe IGEN d'histoire-géographie de 2000 à 2002, conseiller pour les affaires pédagogiques aux cabinets de Luc Ferry et de Xavier Darcos de 2002 à 2004, puis de Gilles de Robien de 2005 à 2007, termine sa carrière, depuis

2009, comme recteur de l'académie de Bordeaux. Une ultime promotion qui l'a propulsé parmi les *roitelets* de l'Éducation nationale, et qu'il doit à un décret de 2001 en vertu duquel, dans la limite de 10 % de l'effectif budgétaire des emplois, peuvent être nommés recteurs des personnalités qualifiées sans être titulaires de l'habilitation à diriger des recherches – ce qui est regrettable car un recteur est aussi chancelier des universités.

Dans un article du *Monde* du 14 avril 2011, intitulé « Les recteurs, patrons de l'éducation », on le découvre plus épanoui qu'il l'était à la tête de la DGESCO : « Jean-Louis Nembrini ne décroche jamais son téléphone. Il préfère rappeler. Sa manière à lui d'essayer de rester maître du temps. [...] À Bordeaux, Jean-Louis Nembrini a sous son autorité 658 000 élèves, 3 400 établissements et manage une équipe de 600 personnes. Dans une journée, il prend plusieurs dizaines de décisions, désamorce les conflits, négocie, communique, et ce, six ou sept jours par semaine. Ce matin d'avril, il a rendez-vous avec une de ses inspectrices d'académie pour lui renouveler sa "lettre de mission". S'ensuit une discussion qui n'aurait pas détonné dans une entreprise privée. Il est question de "performances", d'"objectifs à atteindre" et de "ressources humaines". » Jean-Louis Nembrini ne devrait pourtant pas oublier qu'un rectorat est un service public et non une entreprise privée.

C'est Jean-Louis Nembrini qui a signé pour son ministre, rappelons-le, un programme d'histoire de cinquième dans lequel l'« humanisme » et les « humanistes » n'ont pas existé aux XVe et XVIe siècles. Et on le sait pourtant particulièrement attaché, comme Max Brisson, aux valeurs « humanistes ».

Recteur de l'académie de Guyane de 2004 à 2006, directeur adjoint du cabinet de Gilles de Robien de 2006 à 2007, recteur de l'académie de Créteil de 2007 à 2009, Jean-Michel Blanquer est devenu DGESCO en décembre 2009. L'apport de Jean-Michel Blanquer à l'histoire de France consiste en une remarquable biographie, presque une hagiographie, de Michel Baroin, intitulée *Michel Baroin. Les Secrets d'une influence,* qu'il a publiée aux éditions Plon en 1992. Plus de quarante pages, contenant de multiples révélations, y sont consacrées à la pensée et à l'action de Michel Baroin en tant que Grand Maître du Grand Orient de France – avec une magnifique photographie de ce dernier dans le costume afférent à la fonction. Ce livre constitue une importante contribution à l'histoire de la franc-maçonnerie.

Cependant, Jean-Michel Blanquer n'a pas toujours été un défenseur inconditionnel de la laïcité. Alain Morvan, actuel président du directoire des PUF, raconte à ce propos une anecdote éclairante. Recteur de l'académie de Lyon, il s'oppose, en 2006, à l'ouverture d'un groupe scolaire islamiste, ce qui contrarie le pouvoir de l'époque, et, en particulier, le ministre d'État Nicolas Sarkozy, qui flatte un certain électorat musulman dans la perspective de la présidentielle de 2007.

« En ce 12 octobre 2006, au cabinet Robien, écrit Alain Morvan, l'heure n'est pas à la bravoure, ni à l'ardeur républicaine. Un nouveau directeur adjoint de cabinet vient tout juste d'être nommé. Il s'agit de mon jeune collègue Jean-Michel Blanquer. Il me fait savoir avec une certaine condescendance que les développements de l'affaire "inquiètent tout le monde". Comme je lui rétorque qu'au cas où ma gestion serait jugée inadéquate, le ministre a bien sûr mon poste entre les mains, ce charmant jeune homme dont je pourrais être le père (il est de vingt ans mon cadet) me coupe : "On ne peut pas te virer là-dessus", ce que j'interprète comme un regret par rapport à une hypothèse déjà envisagée. [...]

Après mes déclarations au *Monde* du 13 octobre 2006, le jeune Blanquer me signifie que j'ai désormais interdiction de parler, tout en faisant lui-même une très belle démonstration de langue de bois. Je me serais en effet, selon lui, exprimé sur ce qu'il appelle "les mauvais registres". En effet, me dis-je *in petto* : "Où allons-nous si des fonctionnaires osent invoquer les valeurs de la République ?" Et ce nouveau seigneur des antichambres de me convoquer à Paris en urgence – mais de préférence le samedi, ajoute-t-il, avec une martiale prudence, pour qu'"on ne puisse pas dire que tu as été convoqué". J'apprécie toute la subtilité du propos. Le samedi après-midi donc, dans un ministère désert, je rencontre l'important personnage qui m'a convoqué. Je commence par rappeler quelques occasions spectaculaires où je me suis activé pour faire valoir une certaine idée de l'État et du système éducatif. [...] J'élargis mon propos au contexte d'offensive islamiste (avec tous les incidents liés au Ramadan) et je dis ce que je sais du travail des réseaux intégristes sur le terrain. Je rappelle bien sûr la nature incontestable de mes oppositions techniques au projet de groupe scolaire. [...] Intéressé par mes arguments techniques, Jean-Michel Blanquer n'entend pourtant pas le message principal. [...] Une minisatisfaction symbolique : Blanquer se montrant tout de même un peu préoccupé de toutes les dérives liées au Ramadan, je lui propose de créer au ministère un groupe de travail sur la laïcité ; je suis, ajouté-je, volontaire pour y participer. "Très bien", s'exclame-t-il, avant de nuancer : il faudra que ce groupe reste secret et il ne devra surtout pas afficher le nom de laïcité. En quelques jours, l'ancien recteur de la Guyane a tout compris du fonctionnement et de l'éthique du microcosme[21]. »

Recteur de l'académie de Créteil, Jean-Michel Blanquer s'est signalé à l'attention de l'opinion publique par des expérimentations parfois hasardeuses, par exemple pour lutter contre l'absentéisme dans les lycées professionnels : il entreprit d'y « financer des projets de fin d'année pour les élèves collectivement impliqués dans leur scolarité[22] » (c'est-à-dire assidus), tandis qu'il ne prévoyait rien de « financier » pour les élèves qui étaient assidus dans les lycées d'enseignement général et technologique. Une belle entorse au principe de l'égalité.

Jean-Michel Blanquer est candidat à la direction de l'IEP de Paris où il aimerait succéder à Richard Descoings, qui, partisan de la réduction des inégalités sociales, gagnait à ce poste 400 000 euros par an, tout en bénéficiant d'un appartement, d'une voiture et d'un chauffeur de fonction.

Au moment où je termine cet essai, j'apprends que Jean-Paul de Gaudemar a été nommé conseiller pour l'éducation à Matignon auprès de Jean-Marc Ayrault. Il avait été DESCO de 2000 à 2004, après avoir été recteur des académies de Strasbourg et de Toulouse de

21. Alain Morvan, *L'Honneur et les honneurs : souvenirs d'un recteur « kärcherisé »*, éd. Grasset, 2008, p. 207-212.
22. *La Tribune*, 7 décembre 2009.

1991 à 2000. Il a été chargé par Xavier Darcos en 2008 de conduire, avec le succès que l'on sait, une mission sur la réforme du lycée général et technologique. Il est redevenu recteur de 2004 à 2012, cette fois dans l'académie d'Aix-Marseille, fonction dans laquelle il a été remplacé, peu avant la chute de Nicolas Sarkozy, par Bernard Dubreuil, un autre « Talleyrand » de la rue de Grenelle : ce dernier a été recteur des académies de Grenoble, Lyon, Nantes et Lille de 1996 à 2010, directeur adjoint puis directeur du cabinet de Luc Chatel de 2010 à 2012. Il a présidé, en 2003, un groupe de réflexion sur la nouvelle « professionnalité » (*sic*) des IA-IPR, dans lequel on trouvait notamment Jean-Paul de Gaudemar, Pierre-Yves Duwoye, actuel directeur du cabinet de Vincent Peillon, et Marie-Martine Boissinot, épouse d'Alain Boissinot, à l'époque directeur du cabinet de Luc Ferry.

Depuis vingt ou trente ans (songeons aussi à Christian Forestier), on prend les mêmes et on recommence, ou plutôt on continue.

4

Un recteur « dopaminergique »

On a parlé de « charabia extravagant » et on aurait pu parler de « jargon délirant » à propos des *Aides à la mise en œuvre des nouveaux programmes* d'histoire, de géographie et d'éducation civique publiées, depuis 2009, par le CRDP de l'académie de Versailles sous l'égide du recteur Alain Boissinot, avec le soutien enthousiaste de Laurent Wirth et Michel Hagnerelle.

Comment Alain Boissinot a-t-il pu en arriver là, lui qui, après avoir été reçu très jeune à l'agrégation de lettres classiques, avait donné toute satisfaction comme professeur de collège et de lycée à Pontoise et, ensuite, comme professeur d'hypokhâgne au lycée Louis-le-Grand puis de khâgne au lycée Henri-IV ?

Tout semble s'être déréglé au fur et à mesure qu'il s'élevait, à vive allure, dans la hiérarchie du ministère de l'Éducation nationale – et cela quelle que soit la couleur politique des gens au pouvoir. Tour à tour IGEN en 1993, chargé des questions pédagogiques au cabinet de François Bayrou en 1994, directeur des lycées et collèges de 1995 à 1997, DESCO en 1997-1998, membre du Conseil national des programmes en 2000-2001, président du Haut Comité de suivi des concours de recrutement des IUFM et recteur de l'académie de Bordeaux en 2001-2002, directeur du cabinet de Luc Ferry de 2002 à 2004, il est, depuis 2004, recteur de l'académie de Versailles, la plus importante de France par le nombre de ses élèves et étudiants – elle englobe les départements des Yvelines, de l'Essonne, des Hauts-de-Seine et du Val-d'Oise. Plus de huit ans à la tête de cette académie très convoitée, c'est un record de longévité.

Dans son excellent ouvrage intitulé *Le pacte immoral – Comment ils sacrifient l'éducation de nos enfants*, Sophie Coignard le classe parmi les membres éminents du « clergé » qui a infiltré la technostructure du ministère et pollué l'enseignement, en tout cas celui du français. « Alain Boissinot, précise-t-elle, était l'un des dirigeants de l'AFEF, l'Association française des enseignants de français, créée en 1967 pour en finir avec la littérature "patrimoniale", promouvoir le langage de communication (émetteur-récepteur, destinataire-destinateur et autre vocabulaire abscons) et introduire les "contenus objectivables" (focalisation, schéma actantiel, etc.). Autrement dit, réduire en cendres l'enseignement traditionnel du français. Étrange itinéraire que celui de cet ancien professeur de lettres dans les classes préparatoires les plus élitistes de France, qui se coulait dans le moule de l'excellence le jour et tentait de le détruire la nuit[23]. »

Alain Boissinot chérit le galimatias. Il l'a encore montré à l'occasion d'un séminaire qu'il a organisé, le 18 novembre 2010, pour tous les inspecteurs du

23. Sophie Coignard, *Le Pacte immoral – Comment ils sacrifient l'éducation de nos enfants*, Albin Michel, 2011, p. 61.

primaire et du secondaire de son académie. Il s'agissait de donner un contenu à une expression de l'arrêté du 12 mai 2010 signé, pour Luc Chatel, par Jean-Michel Blanquer et le SG Pierre-Yves Duwoye (mal sorti de l'ENA dans la promotion « Voltaire », passé par le cabinet de Jean-Pierre Chevènement, nommé conseiller maître à la Cour des comptes au tour extérieur en mars 2011, actuel directeur du cabinet de Vincent Peillon), et qui définissait les « dix compétences professionnelles à acquérir par les professeurs pour l'exercice de leur métier ». Pour celle qui consiste à « prendre en compte la diversité des élèves », il était précisé que le professeur doit « connaître les mécanismes de l'apprentissage dont la connaissance a été récemment renouvelée, notamment par les apports de la psychologie cognitive et des neurosciences » (*sic*).

Pour nous faire comprendre ce que cela signifiait, Alain Boissinot nous a demandé d'écouter une conférence intitulée « Comment l'élève apprend », prononcée par Daniel Favre, docteur en neurosciences et professeur en sciences de l'éducation à l'IUFM de Montpellier. Daniel Favre a commencé par faire la publicité de son dernier livre, *Cessons de démotiver les élèves – 18 clés pour favoriser l'apprentissage*. Retenons-en trois : « Inviter un pilote-sujet à s'installer dans la cabine de pilotage », « Décontaminer les pratiques pédagogiques : l'erreur n'est pas une faute, c'est une information ! », « Contrer la motivation d'addiction : sans affaiblir autrui... et pratiquer l'empathie ».

Puis il nous a lu son texte qui apparaissait sur un écran géant et dont voici quelques extraits piquants : « Parmi les points clés de la formation des enseignants : apprendre à l'élève à mieux gérer les nécessaires déstabilisations cognitives et affectives [...] ;

dépasser un conflit de valeurs de notre société et favoriser l'émergence de l'humain. [...] Dès qu'on met le nez dans un cerveau de mammifère, on est convaincu qu'il est anatomiquement et fonctionnellement impossible de séparer des neurones dont la fonction principale serait la cognition, de ceux dont la fonction principale serait d'engendrer des émotions. [...] Pour modéliser l'activité cérébropsychique au cours de laquelle nous nous re-présentons concrètement ou abstraitement le monde, voici une définition : "savoir-faire conscient ou non, utilisé pour reconstruire intrasubjectivement la réalité". [...] L'apprentissage et son auto-récompense (une sécrétion de dopamine) – quand il est réussi, quand le problème posé est résolu – illustre le lien étroit entre émotion et cognition (Stark H., Rothe T., Wagner T. et Scheich H., 2004, « Learning a new behavioral strategy in the shuttle-box increases prefontal dopamine », *Neuroscience*, 126: 21-29). [...] Les circuits nerveux de renforcement positif des comportements ont été pour la première fois décrits par Olds et Milner en 1954. Ayant placé une électrode dans une partie ancienne du cerveau appelée le système limbique et stimulé électriquement l'animal, ici un rat, ils ont observé que celui-ci revenait obstinément dans la partie de la cage où il se trouvait quand les neurones ont été excités par l'expérimentateur. [...] Tout apprentissage contient une période de frustration et de vulnérabilité plus ou moins importante en motivation de sécurisation. »

Pour finir son exposé, Daniel Favre a projeté une diapositive intitulée : « La grille d'analyse des postures épistémiques qui a servi pour analyser les productions langagières des jeunes en situation de frustration et comme substrat théorique pour un entraînement à la pensée non dogmatique avec comme visée l'éducation de l'agressivité en tant que pulsion biologique. »

Alain Boissinot a alors fait applaudir Daniel Favre à tout rompre et durant de longues minutes, en se félicitant d'avoir fait venir de Montpellier un universitaire aussi éblouissant - mais dont il n'est pas certain que les explications et les conseils puissent servir à des professeurs d'histoire-géographie. Je me suis personnellement bien gardé de leur en faire part.

Alain Boissinot est officier de la Légion d'honneur, officier de l'ordre national du Mérite, commandeur des Palmes académiques, toutes décorations attribuées comme automatiquement à ses collègues recteurs. Outre ses émoluments ordinaires, qui sont plutôt extraordinaires pour un haut fonctionnaire - environ 8000 à 9000 euros par mois -, un recteur perçoit une prime annuelle pouvant atteindre 22040 euros, soit autant qu'un certifié débutant gagne durant une année. Les recteurs disposent non seulement d'un « cabinet », d'une voiture et d'un chauffeur de fonction, mais aussi, pour certains, d'un hôtel particulier de fonction, d'un cuisinier de fonction et d'un jardinier de fonction.

Dans son livre de souvenirs déjà cité, le recteur Alain Morvan parle, non sans drôlerie, de « ces considérations, carrière, vie matérielle et boutonnière, qui portent certains de ses collègues hauts fonctionnaires aux limites extrêmes de l'épectase[24] ».

24. Alain Morvan, *L'Honneur et les honneurs : souvenirs d'un recteur « kärcherisé »*, *op. cit.*, p. 73.

5

Un secrétaire général « indésirable »

Le secrétaire général du ministère de l'Éducation nationale est un des plus hauts fonctionnaires de cette administration. Il a autorité sur le DGRH qui a rang de secrétaire général adjoint, et qui ne peut rien faire sans son accord en ce qui concerne le recrutement et les carrières du personnel.

Le secrétaire général actuellement en fonction est Jean Marimbert. Il est l'un des principaux responsables de la reconduction de Michel Cassan et d'Yves Poncelet comme président et vice-président du jury de l'agrégation d'histoire en 2012, et de la préparation du décret supprimant l'inspection individuelle des professeurs.

Ancien élève d'HEC, diplômé de l'IEP de Paris, énarque, il commence sa carrière au Conseil d'État. Très vite, il est attiré par les cabinets ministériels de *droite* comme de *gauche*. Il sert successivement Philippe Séguin dans le deuxième gouvernement Chirac, Lionel Stoleru et Jean-Pierre Soisson dans le gouvernement Rocard. En 2004, il est nommé directeur général de l'Agence française de sécurité sanitaire des produits de santé (AFSSAPS) et refuse, durant cinq ans, de reconnaître les possibles effets *indésirables, parfois mortels*, du Mediator, malgré l'interdiction de ce produit dans la plupart des pays européens et malgré les mises en garde insistantes d'experts confirmés. En octobre 2009, l'AFSSAPS autorise encore deux génériques du Mediator. En novembre 2009, Jean Marimbert décide enfin de l'interdire. Il faut attendre janvier 2011 pour qu'il adresse, à ceux qui en ont consommé entre 2006 et 2009, une lettre les « encourageant à consulter leur médecin ».

Le 4 février 2011, il est « à sa demande » mis fin à ses fonctions, après qu'il se fut présenté comme victime d'« outrances », d'« amalgames injustes » et d'« attaques blessantes ». Trois mois après, le 5 mai 2011, il est nommé secrétaire général du ministère de l'Éducation nationale et du ministère de l'Enseignement supérieur et de la Recherche par un décret en Conseil des ministres, à la signature de Nicolas Sarkozy, François Fillon, Luc Chatel et Valérie Pécresse. *Le Figaro* du 6 mai en informe ainsi ses lecteurs : « Jean Marimbert, débarqué il y a quelques mois à cause de sa gestion calamiteuse de l'affaire du Mediator, a réussi à se recaser comme secrétaire général du ministère de l'Éducation nationale où il travaillera avec Luc Chatel. »

On a appris récemment que Jean Marimbert, quand il dirigeait l'AFSSAPS, n'avait pas non plus fait diligence pour arrêter la fabrication des prothèses mammaires frelatées PIP. En 2008 et 2009, un chirurgien marseillais a adressé à l'AFSSAPS courriers et lettre recommandée pour l'alerter au sujet des ruptures de certaines de ces prothèses. L'agence n'a pas répondu. Elle se décida enfin à agir, en mars 2010, lorsqu'elle sut, par un salarié de PIP en délicatesse avec son entreprise, que le gel de silicone utilisé pour ces prothèses était à usage industriel et non médical.

Un avocat marseillais vient de porter plainte contre l'AFSSAPS au nom des victimes de prothèses PIP implantées après 2008, car, affirme-t-il, « l'AFSSAPS avait, dès 2008, tous les éléments pour suspendre PIP au nom du principe de précaution[25] ».

Dans *L'Oligarchie des incapables*, Sophie Coignard et Romain Gubert, qui ne connaissaient pas encore le scandale PIP, sont revenus sur l'affaire du Mediator et sur la promotion de Jean Marimbert pour conclure : « Jean Marimbert est désormais secrétaire général du ministère de l'Éducation nationale et de l'Enseignement supérieur. Des domaines où l'incurie des responsables ne tue pas. Du moins pas tout de suite[26]. »

---

25. *Le Figaro* du 2 février 2012.

26. S. Coignard et R. Gubert, *L'Oligarchie des incapables*, Albin Michel, 2012, p. 245-250.

TROISIÈME PARTIE

Tout n'est pas perdu

1

Du retour de l'histoire et de la géographie en terminale scientifique dès 2013

François Hollande, Vincent Peillon, l'actuel ministre de l'Éducation nationale, et d'autres responsables socialistes avaient réprouvé, on l'a vu, la quasi-disparition de l'histoire et de la géographie en terminale S.

Il revient aujourd'hui à François Hollande et à Jean-Marc Ayrault de faire rétablir par Vincent Peillon un certain nombre de dispositions qui redonnent sa place à l'enseignement de l'histoire-géo dans le cursus scolaire. Citons les plus importantes :

- l'enseignement obligatoire de l'histoire et de la géographie en terminale S, à raison d'au moins deux heures et demie par semaine ;
- des programmes d'histoire qui comportent l'étude de la France de la Ve République jusqu'à nos jours, au moins dans ses grandes lignes, ainsi que celle de l'affirmation de l'islamisme depuis la fin des années 1970, et des programmes de géographie qui comprennent l'étude des États-Unis, du Japon et de la Chine, ainsi que celle, si possible, de pays émergents comme l'Inde, le Brésil, la Russie et l'Afrique du Sud ;

– une épreuve d'histoire-géographie au baccalauréat à la fin de la terminale S.

Ces mesures peuvent et doivent intervenir dès la rentrée scolaire de 2013, et dans la perspective du baccalauréat de 2014.

2

Les professeurs vont continuer d'être inspectés

Depuis longtemps, les professeurs sont évalués à la fois par leur chef d'établissement et par un inspecteur de leur discipline.

La note annuelle d'un professeur est comprise entre 0 et 100. Elle est constituée par la somme d'une note de 0 à 40, proposée au recteur par le chef d'établissement et portant une appréciation générale sur sa manière de servir (ponctualité/assiduité, activité/efficacité, autorité/rayonnement), et d'une note de 0 à 60 arrêtée par les IPR en fonction d'une appréciation pédagogique portant sur la valeur de l'action éducative et de l'enseignement donné, constatée lors de l'inspection individuelle.

L'IPR procède à une inspection individuelle environ une fois tous les cinq ans, et plus souvent si le professeur demande une inspection supplémentaire ou si le chef d'établissement signale à l'IPR des problèmes nécessitant une nouvelle inspection. Le professeur est prévenu, trois ou quatre jours auparavant, du jour et de l'heure de l'inspection, afin qu'à ce moment-là, l'IPR assiste à une vraie leçon – et non pas, par exemple, à un contrôle. L'inspection dure cinquante-cinq minutes, le temps d'une leçon, et l'entretien consécutif entre le professeur et l'IPR dure au moins trois quarts d'heure - ce n'est pas « un espèce [*sic*] de simulacre d'entretien », comme l'a prétendu Luc Chatel sur Europe 1 le 15 décembre 2011.

Le chef d'établissement relate à l'IPR ce qu'est l'engagement de chaque professeur inspecté dans la vie du collège ou du lycée, dans l'accompagnement des élèves et dans le dialogue avec les parents. Il peut assister à l'inspection. Il participe naturellement à la réunion d'équipe des professeurs de la discipline, organisée par l'IPR à la fin de ses inspections. Son avis est requis lorsqu'il s'agit de titulariser un certifié ou un agrégé stagiaire, ou bien de promouvoir tel certifié ou tel agrégé à la hors-classe.

Le résultat de chaque inspection se matérialise par un rapport écrit que le professeur inspecté peut contester. À partir de là, l'IPR décide d'une nouvelle note pédagogique qui peut déterminer une augmentation de salaire, plus rapide que celle que le professeur devrait à sa seule ancienneté. Ce n'est pas le « mérite » de l'enseignant qui fonde l'appréciation portée sur lui : il y a des professeurs « méritants » dont les prestations sont médiocres et des professeurs sans « mérite » apparent dont les cours sont excellents.

L'inspection a parfois été attaquée. Surtout, on s'en doute, au lendemain des événements de mai 1968, lorsque certains vilipendaient toute évaluation au sein d'une hiérarchie. Au début des années 1970, quelques professeurs ont refusé d'être inspectés, mais cela ne dura pas. La critique la plus vive contre l'inspection individuelle fut portée par un ancien professeur de lettres, qui aspirait à devenir ministre de l'Éducation nationale, François Bayrou. Dans son livre dont on a déjà parlé, ce dernier consacra dix pages à dénigrer et à ridiculiser l'inspection présentée comme le « sommet de l'infantilisation » ; il le fit dans des termes si outranciers et si caricaturaux qu'ils ne méritent pas d'être reproduits[27]. Ministre de l'Éducation nationale de 1993 à 1997, il ne toucha pas à l'inspection. Il ne le tenta même pas. On ne l'entendit plus en dire du mal. Allez chercher la cohérence.

En octobre 2004, François Fillon, ministre de l'Éducation nationale, de l'Enseignement supérieur et de la Recherche, a confirmé aux IPR que « leurs missions étaient plus que jamais essentielles pour accompagner l'ambition affirmée de la Nation pour son École et que la première de ces missions, c'était bien entendu l'inspection et l'évaluation des enseignants auprès desquels ils assuraient aussi un rôle important d'animation, de formation et de conseil » : « C'est dans les établissements et dans les classes que votre métier trouve avant tout sa raison d'être. C'est par votre aide, par vos conseils, par votre présence dans ces lieux, que vous apportez aux enseignants les moyens d'un meilleur exercice de leur métier. »

Soudain, en novembre 2011, alors que le même François Fillon était Premier ministre, on apprit que Luc Chatel, avec son accord et celui de Nicolas Sarkozy, préparait un décret modifiant la façon d'évaluer et de noter les enseignants. L'inspection serait purement et simplement supprimée. Tous les trois ans, chaque professeur procéderait à une « autoévaluation » (*sic*)

27. François Bayrou, *1990-2000, La Décennie des mal-appris*, *op. cit.*, p. 72-81.

et aurait un « entretien professionnel » avec son chef d'établissement qui proposerait ensuite au recteur de lui attribuer ou non des mois d'ancienneté supplémentaires et, partant, des avancements d'échelon et des augmentations de salaire plus rapides.

Luc Chatel, ancien DRH chez L'Oréal, habitué à faire évaluer des vendeurs de déodorants, tenait dur comme fer à cette réforme, ainsi que le SG Jean Marimbert, le « spécialiste » des médicaments, et son adjointe, la DGRH Josette Théophile, ancienne DRH de la RATP, habituée à faire évaluer des conducteurs d'autobus. Pour justifier cette réforme, Luc Chatel répétait sur toutes les ondes : « Il faut un patron dans l'établissement », ignorant qu'un inspecteur n'empiète pas sur l'autorité d'un chef d'établissement.

L'ensemble des syndicats d'enseignants (SNES-FSU, SNALC, SGEN-CFDT, UNSA-Éducation) et des associations de professeurs spécialistes ont exigé le retrait de ce projet.

François Portzer, le président du SNALC, a, par exemple, expliqué : « Les IPR restent les plus proches du cœur du métier qui est la transmission des connaissances disciplinaires. Ils sont tous agrégés [ils le sont, en réalité, presque tous], et ils ont tous enseigné la discipline qu'ils viennent évaluer. Ce qui ne serait évidemment pas le cas des chefs d'établissement dont certains n'ont même jamais enseigné. [C'est le cas des conseillers principaux d'éducation qui deviennent chefs d'établissement.] L'inspecteur est une personnalité extérieure, cela protège du copinage et des pressions internes. » Daniel Robin, secrétaire général du SNES-FSU, a résumé en une question la stupidité de cette réforme : « Comment un chef d'établissement, ancien enseignant de philosophie ou d'éducation musicale, peut-il évaluer un professeur de mathématiques ? »

Dès le 10 décembre 2011, plus de 60 000 professeurs avaient signé une pétition contre le projet gouvernemental. La plupart des syndicats de professeurs du second degré appelèrent, avec succès, à faire grève et à manifester contre lui le 15 décembre 2011 et le 31 janvier 2012.

À deux exceptions près en Europe - les Pays-Bas et la Norvège - les chefs d'établissement ne sont jamais seuls pour apprécier les professeurs et, partout ailleurs, l'inspecteur garde un rôle important quand il s'agit de les évaluer.

Face à l'opposition unanime des professeurs, les pouvoirs publics semblaient avoir enterré leur projet. Et voici qu'au lendemain de l'élection présidentielle, le 7 mai 2012, alors que le gouvernement en place n'avait plus que trois jours à vivre et devait se contenter de gérer les affaires courantes, François Fillon, Luc Chatel, Claude Guéant, Valérie Pécresse, François Sauvadet et Marie-Luce Penchard ont signé un décret reprenant l'essentiel des dispositions du projet initial.

François Hollande avait observé, le 15 décembre 2011, dans une école de Bondy : « Être évalué par le seul chef d'établissement pose problème, car les enseignants veulent être évalués par des inspecteurs ou des pairs de la même matière. » Vincent Peillon a annoncé, dès le 9 mai 2012, l'abrogation de ce décret absurde, après avoir déclaré : « Le regard de l'inspecteur est le seul légitime pour évaluer les compétences didactiques, pédagogiques et scientifiques des enseignants. »

Ainsi, les professeurs d'histoire, de géographie et d'éducation civique ne verront-ils pas leurs connaissances et leurs qualités pédagogiques évaluées par un principal ou par un proviseur qui serait un ancien professeur de mathématiques, de SVT ou d'EPS, ou un ancien CPE.

3

Le juste diagnostic de Laurent Lafforgue

Le Haut Conseil de l'éducation (HCE), organisme consultatif, a été créé par la loi d'orientation et de programmation pour l'école du 23 avril 2005. À la demande du ministre de l'Éducation nationale, il émet des avis et peut formuler des propositions sur la pédagogie, les programmes, les modes d'évaluation des connaissances des élèves, l'organisation et les résultats du système éducatif et la formation des enseignants. Il comprend neuf membres, dont trois sont nommés par le président de la République, deux par le président du Sénat, deux par le président de l'Assemblée nationale et deux par le président du Conseil économique et social. Le 26 octobre 2005, Jacques Chirac désigna Bruno Racine pour le présider et Laurent Lafforgue parmi les deux autres membres qu'il pouvait nommer.

Laurent Lafforgue appartient à l'élite universitaire de notre pays et du monde. Normalien de la rue d'Ulm, agrégé de mathématiques et docteur ès sciences, il est directeur de recherche au CNRS et professeur à l'Institut des hautes études scientifiques

(IHES). La médaille Fields (l'équivalent du prix Nobel pour les mathématiques) lui a été attribuée en 2002. L'année suivante, il a été élu membre de l'Académie des sciences.

À l'invitation qui lui a été adressée pour la première réunion du HCE, Laurent Lafforgue a répondu à Bruno Racine, le 16 novembre 2005, par un courriel confidentiel, et divulgué par la suite, dont voici l'essentiel :

« Je ne peux m'empêcher de réagir sur certains points de l'ordre du jour de la prochaine réunion, qui me plongent dans le désespoir. Le principal est le suivant : "Appel aux experts de l'Éducation nationale : inspections générales et directions de l'administration centrale, en particulier direction de l'évaluation et de la prospective (DEP) et direction de l'enseignement scolaire (DESCO)".

Pour moi, c'est exactement comme si nous étions un Haut Conseil des droits de l'homme et si nous envisagions de faire appel aux Khmers rouges pour constituer un groupe d'experts pour la promotion des Droits humains.

Je m'explique : depuis un an et demi que j'ai commencé à m'intéresser sérieusement à l'état de l'éducation dans notre pays - en lisant tous les livres de témoignages d'instituteurs et de professeurs que j'ai pu trouver, en recueillant systématiquement tous les témoignages oraux ou écrits d'enseignants avec qui je peux être en contact, en interrogeant moi-même des jeunes pour jauger ce qu'ils savent ou ne savent pas - je suis arrivé à la conclusion que notre système éducatif public est en voie de destruction totale.

Cette destruction est le résultat de toutes les politiques et de toutes les réformes menées par tous les gouvernements depuis la fin des années 1960. Ces politiques ont été voulues, approuvées, menées et imposées par toutes les instances dirigeantes de l'Éducation nationale, c'est-à-dire en particulier : les fameux experts de l'Éducation nationale, les corps d'inspecteurs (recrutés parmi les enseignants les plus dociles et les plus soumis aux dogmes officiels), les directions des administrations centrales (dont la DEP et la DESCO), les directions et corps de formateurs des IUFM peuplés des fameux didacticiens et autres spécialistes des soi-disant *sciences de l'éducation*, la majorité des experts des commissions de programmes, bref, l'ensemble de la nomenklatura de l'Éducation nationale.

Ces politiques ont été inspirées à tous ces gens par une idéologie qui consiste à ne plus accorder de valeur au savoir et qui mêle la volonté de faire jouer à l'école en priorité d'autres rôles que l'instruction et la transmission du savoir, la croyance imposée à des théories pédagogiques délirantes, le mépris des choses simples, le mépris des apprentissages fondamentaux, le refus des enseignements construits, explicites et progressifs, le mépris des connaissances de base couplé à l'apprentissage imposé de contenus fumeux et démesurément ambitieux, la doctrine de l'élève "au centre du système" et qui doit "construire lui-même ses savoirs". Cette idéologie s'est emparée également des instances dirigeantes des syndicats majoritaires, au premier rang desquels le SGEN.

Tous ces gens n'ont aujourd'hui qu'un but : dégager leur responsabilité et donc masquer par tous les moyens la réalité du désastre. J'avoue ne pas savoir s'ils étaient de bonne foi ou bien s'ils ont délibérément organisé la destruction de l'École. Je ne sais pas non plus lesquels parmi eux – une minorité de toute façon – n'ont pas participé à la folie collective, ni lesquels y ont participé mais se rendent compte aujourd'hui des conséquences dramatiques des erreurs accumulées depuis des décennies et seraient prêts à repartir dans une meilleure direction. *A priori*, j'ai la plus extrême défiance envers tous les membres de la nomenklatura de l'Éducation nationale.

Je serais en mesure de proposer au HCE une liste d'experts dans toutes les disciplines, en qui j'ai une grande confiance, parce que tous sont des professeurs qui, depuis des années, se sont engagés pour le sauvetage de l'École et son redressement, et ont réfléchi en profondeur aux problèmes posés.

Pour moi, la question de départ qui est posée au HCE est la suivante : voulons-nous nous voiler les yeux, ne pas voir l'état dans lequel se trouve l'Éducation nationale et confier l'élaboration des avis qui nous sont demandés aux mêmes experts et responsables dont les politiques ont conduit au désastre actuel ? Dans ce cas, autant vaudrait ne pas avoir créé le HCE.

Ou bien, voulons-nous prendre la mesure de la situation, agir pour tenter un redressement et, pour cela, rompre radicalement avec tous les hiérarques de l'Éducation nationale, entendre les personnes indépendantes qui, depuis des années, tirent la sonnette d'alarme et réfléchissent aux moyens d'un tel redressement, et travailler nous-mêmes, avec l'aide de ces personnes, à rédiger des avis sur lesquels les responsables politiques pourraient s'appuyer pour sauver notre système éducatif de la destruction complète et définitive ? »

Le 21 novembre 2005, Laurent Lafforgue a été convoqué à l'Élysée par Alain Seban, conseiller pour l'éducation et la culture à la Présidence de la République, en présence de Bruno Racine. Alain Seban, sorti de l'ENA au Conseil d'État, était passé auparavant par les cabinets de Philippe Douste-Blazy, Dominique de Villepin et Jean-Pierre Raffarin. Bruno Racine, normalien, agrégé de lettres classiques, sorti de l'ENA à la Cour des comptes, passé par la mairie de Paris, les cabinets de Jacques Chirac et d'Alain Juppé, était, à l'époque, président du Centre Georges-Pompidou. Ils ont exigé de Laurent Lafforgue sa « démission » du HCE.

En 2007, Alain Seban a pris la succession de Bruno Racine au Centre Georges-Pompidou, tandis que ce dernier a été nommé président de la Bibliothèque nationale de France. Ils viennent d'être récemment renouvelés dans ces fonctions.

Ce n'est pas en contraignant courageusement Laurent Lafforgue à « démissionner » que Jacques Chirac, Bruno Racine et Alain Seban ont infirmé la justesse de son diagnostic.

4

Il faut rendre la parole aux professeurs

Dans sa lettre à Bruno Racine, Laurent Lafforgue ouvre une piste de réflexion pour repartir dans une meilleure direction : écouter les professeurs eux-mêmes.

Cette proposition est essentielle.

Comme inspecteur, j'ai pu constater que, malgré tout, il y a encore des professeurs, et plus nombreux qu'on le croit, qui aiment leur métier et qui le font bien. Ils s'expriment simplement et clairement. Ils veillent à dispenser des connaissances exactes. Ils construisent leurs leçons. Ils entretiennent un dialogue fécond avec leurs élèves. Ils font analyser de près les documents qu'ils donnent à commenter. Ils utilisent à bon escient les manuels et les fameuses TICE. Ils essayent, tant bien que mal, de terminer les programmes. Ils corrigent avec soin les contrôles et les compositions. Ils parviennent, et c'est l'essentiel, à susciter l'intérêt des élèves, voire à en passionner certains, en sachant leur transmettre un vrai savoir.

Ces professeurs ne comprennent pas pourquoi ils sont si peu et si mal associés aux décisions qui concernent directement leurs disciplines.

Ils n'ont pas compris pourquoi la quasi-disparition de l'histoire-géographie en terminale S a été décidée sans qu'ils aient été consultés et sans que le ministère leur en ait donné les raisons. La seule « explication » que, nous les inspecteurs, avons eu le droit de leur apporter, c'est celle que Laurent Wirth et Michel Hagnerelle ont donnée aux dirigeants de l'APHG, le 29 novembre 2011 : « Le rétablissement (ou non) de l'histoire-géographie comme disciplines obligatoires en terminale S, dans la mesure où il dépend d'un choix politique, ne rentre pas dans le champ de la discussion [28]. »

Ils ne comprennent pas non plus pourquoi les programmes sont élaborés si loin d'eux. Les grandes lignes des nouveaux programmes d'histoire-géographie au lycée ont été arrêtées par Luc Chatel (DESS de marketing), son conseiller pour les affaires pédagogiques Erick Roser (agrégation de mathématiques) et Jean-Michel Blanquer (maîtrise de philosophie, agrégation de droit public). La première mouture a été réalisée par Laurent Wirth à la tête d'un groupe de huit experts, historiens et géographes, tous choisis avec l'accord de Jean-Michel Blanquer : deux IGEN (Laurent Wirth lui-même et Michel Hagnerelle), deux universitaires, deux IPR, et seulement deux professeurs de l'enseignement secondaire. Certes, elle a fait ensuite l'objet d'une « consultation nationale » auprès des professeurs de lycée qui ont, pour la plupart, regretté que les élèves de la série scientifique n'étudient plus, en histoire, la France de la Ve République depuis 1962, et, en géographie, les États-Unis, le

28. *Historiens et Géographes*, janvier-février 2012, p. 109.

Japon et la Chine. Mais Laurent Wirth, ses experts, les IGEN d'histoire-géographie, Jean-Michel Blanquer, Luc Chatel, conseillé par son directeur de cabinet Philippe Gustin, pourtant certifié d'histoire-géographie, n'ont tenu aucun compte de ces observations.

J'ai parfois suggéré aux professeurs d'écrire directement et personnellement à leur ministre, au Premier ministre ou au président de la République, pour leur faire part de leur mécontentement, mais ils craignent des mesures de rétorsion.

Les professeurs ont le sentiment d'être méprisés et méritent d'être de véritables interlocuteurs. C'est avec leur concours que l'enseignement de l'histoire-géographie peut et doit être revalorisé.

5

Ressouvenons-nous de Victor Duruy

Victor Duruy est aujourd'hui à peu près oublié. Il a pourtant été l'un de nos plus grands ministres de l'Instruction publique, l'un de ceux qui ont aussi fait le plus pour l'enseignement de l'histoire et de la géographie dans notre pays. Il avait été auparavant, durant près de trente ans, professeur d'histoire-géographie dans le secondaire.

Plus d'un siècle après leur publication, ses mémoires[29] restent d'une impressionnante actualité et peuvent encore guider nos pas.

Voici ce que j'en ai retenu.

Victor Duruy (1811-1894) naît à Paris dans un logis de la manufacture des Gobelins où sa famille, originaire des Pays-Bas, était venue s'établir du temps de Colbert. Son père était un des meilleurs ouvriers et un des chefs de la manufacture.

« Un ami de mon père, économe du collège Sainte-Barbe, se rappelle-t-il, me trouvant toujours un livre

29. *Notes et souvenirs (1811-1894)*, Librairie Hachette, deux tomes, 1901.

dans les mains, prétendit que j'étais prédestiné à l'étude et qu'il fallait m'envoyer au collège. Mon père se laissa persuader et, après les vacances de Pâques 1824, j'entrai en sixième au collège Sainte-Barbe. Je ne veux pas quitter notre vieille maison des Gobelins sans reconnaître que je lui dois d'avoir appris au milieu de ces artistes leur goût pour les belles choses de l'art. »

Au collège Sainte-Barbe, il obtient une demi-bourse et travaille sans relever la tête : « Pour les études, j'avais été fort en retard, mais, à chaque enseignement nouveau qui survenait : grec, histoire, vers latins, narrations ou discours français, je prenais place dans la tête de colonne, si bien que je finis par le prix d'excellence en philosophie. C'était le résultat d'une persévérance que j'ai prise au collège et que j'ai toujours gardée. Elle m'a tenu lieu des qualités brillantes qui m'ont manqué. Entré le dernier au collège, j'en suis sorti le premier ; de même à l'École normale, et à certains égards, dans la vie. »

En 1830, il est reçu au concours de l'École normale – qui deviendra « supérieure » en 1845 avant de s'installer rue d'Ulm en 1847 – et, trois ans plus tard, il est admis premier au concours de l'agrégation d'histoire et de géographie, après « avoir passé trois heureuses années à l'École, avec des maîtres éminents qui s'appelaient Burnouf, Michelet, Jouffroy et Ampère ». Michelet le distingue et lui demande de le suppléer à l'École normale en 1836.

En octobre 1833, Victor Duruy est nommé au collège royal de Reims, où il prend son « austère métier » très au sérieux. « Je ne suis jamais entré dans une classe, surtout dans les classes supérieures, écrit-il, sans me dire que notre fonction était, elle aussi, un sacerdoce. Les esprits, auxquels le professeur s'adresse, sont comme les pages blanches d'un livre où le maître écrit des paroles dont plusieurs ne s'effacent pas. Aussi ai-je toujours eu le respect de mon enseignement et de mes élèves : *maxima debetur puero reverentia*. Délégué de l'État, il m'était moralement interdit de faire de la politique militante, chose d'ailleurs transitoire et changeante, par conséquent étrangère aux vérités définitivement acquises qui, seules, doivent être la matière de l'instruction scolaire. [...] La politique et la religion mises à part, il nous restait d'assez belles et nobles choses à enseigner pour contenter notre esprit. Un de mes futurs collègues à Henri-IV portait si loin le goût pour ses fonctions que, le jour de son mariage, il fit classe matin et soir. »

À sa surprise, Victor Duruy est appelé à Paris en janvier 1834 pour enseigner au collège royal Henri-IV où il devient le professeur de deux des enfants de Louis-Philippe : le duc de Montpensier et le duc d'Aumale, un élève qui lui fera honneur par ses succès au concours général, ses victoires sur Abd el-Kader, son histoire des Condé, et qu'il retrouvera plus tard à l'Académie française. En 1843 et 1844, il fait publier par Louis Hachette – normalien de la promotion 1819 – ses deux premiers volumes de l'*Histoire romaine* auxquels il travaillait depuis dix ans, en 1851 son *Histoire grecque* et, peu après, un *Abrégé de l'Histoire de France*. Il publie aussi des manuels qui ont un immense succès : « Ce fut, écrira Ernest Lavisse, une joie pour nous de trouver dans les livres de M. Duruy la clarté, une allure rapide, le discernement de l'utile et de l'inutile, et surtout d'y sentir un homme vivant et pensant, ému par l'histoire. Les livres de M. Duruy ont donné à des millions de Français une éducation généreuse[30]. »

Il pense qu'une tête bien faite vaut mieux qu'une tête trop pleine: « L'esprit de nos élèves n'est pas un magasin qu'il faille remplir jusqu'au comble, au risque de faire tout crouler; c'est un sol d'où le maître habile doit faire jaillir les sources fécondes. [...] Souvenez-vous que c'est au lycée que l'homme se prépare. »

Victor Duruy ne s'engage pas dans la politique partisane et s'en explique: « De ma vie, je n'ai crié: "Vive la Monarchie ou l'Empire!" ou "Vive la République", n'ayant pas d'enthousiasme bruyant au service de ce qui se passait au-dessus de ma tête. [...] Pour moi, un gouvernement est aujourd'hui le serviteur de la nation, à laquelle ceux qui le composent doivent consacrer leur intelligence, leur travail du jour et de la nuit, sans avoir droit aux *vivats* si ce n'est quand, la pièce terminée, le peuple et l'histoire s'écrient: "*Plaudite, cives!*" »

L'administration universitaire n'aime guère sa liberté de jugement et ne lui attribue en vingt-trois ans de carrière qu'une promotion. « À l'Hôtel de la rue de Grenelle, j'ai été longtemps considéré comme un de ces réfractaires à qui manque une qualité essentielle, la souplesse de l'épine dorsale, ironise-t-il. Il est vrai que je n'ai jamais baissé bien bas la tête sous les coups de l'injustice. »

En 1859, Napoléon III, qui est occupé à rédiger une *Vie de César* et qui a lu avec beaucoup d'intérêt l'*Histoire romaine* de Victor Duruy, demande à le rencontrer et apprécie son intelligence et sa culture.

30. Extrait de la notice nécrologique de Victor Duruy, dans l'annuaire des anciens élèves de l'ENS de 1895.

En 1861, Victor Duruy est nommé inspecteur à l'académie de Paris et maître de conférences à l'ENS. En 1862, il est promu inspecteur général, ce qui le conduit à abandonner son enseignement à l'ENS, mais il est alors nommé professeur d'histoire générale à l'École polytechnique. Voici quelques extraits de sa leçon inaugurale :

« Dans cette résurrection du passé, l'enfant, le jeune homme et ceux qui ne savent pas vieillir ne veulent voir que les choses éclatantes : les drapeaux qui flottent au vent, les trompettes qui sonnent, les épées qui se brisent, les forteresses qui s'écroulent ; ou bien la belle châtelaine qui chevauche sur la blanche haquenée, entourée de ses chevaliers et de ses pages, et le roi victorieux qui passe dans un tourbillon de pourpre et d'or. Mais ceux dont l'âge a mûri l'esprit ou qui, comme vous, ont pris de bonne heure l'habitude des réflexions sérieuses, cherchent et trouvent dans l'histoire autre chose qu'un intérêt de curiosité. S'il fallait voir seulement en elle un musée de vieilleries intéressantes, les plus vigoureux esprits n'auraient point fait de ses récits leur constante préoccupation. [...]

L'histoire est le trésor de l'expérience universelle ; car pour toutes choses, même pour les plus obscures, il importe, comme on dit en style administratif, d'étudier les antécédents de la question : et il est bien peu de questions d'ordre moral ou économique pour lesquelles elle n'ait d'utiles réponses à donner. Je sais bien que l'humanité ne repasse jamais par les mêmes voies, et que le chemin qu'elle suit est un pont qui s'écroule derrière elle. Mais les ruines mêmes qu'elle fait lui servent de matériaux pour ses constructions nouvelles. Dans le présent, ce qu'il y a de plus, c'est toujours du passé et parfois du passé le plus lointain.

Chacun de nous porte en soi l'humanité tout entière. Écoutez bien, et vous entendrez au fond de votre âme, dans vos opinions et dans vos croyances, le sourd retentissement des siècles. »

En 1863, pendant trois mois, Napoléon III, qui sait que Victor Duruy n'est pas un courtisan – il avait voté Cavaignac en 1848 et "non" aux plébiscites qui avaient suivi le coup d'État de décembre 1851 – converse avec lui sur une foule de sujets. Victor Duruy craint que l'empereur ne lui demande de devenir son secrétaire particulier : « Tous les jours me revenait à la pensée la fable du chien dont le cou pelé gardait la trace du collier qui avait porté sa chaîne. »

Le 23 juin 1863, alors qu'il inspecte un lycée à Moulins, il apprend sa nomination comme ministre de l'Instruction publique. Il se rend à Fontainebleau et demande à Napoléon III : « Comment Votre Majesté a-t-elle pu faire de moi un ministre ? » Le souverain lui répond par ces seuls mots : « Ça ira bien. » « Ce furent, se rappelle Victor Duruy, toutes les instructions que je reçus jamais. » Et Victor Duruy d'expliquer ainsi sa conception du pouvoir : « Dussent ceux qui ne pensent qu'aux avantages extérieurs du pouvoir me trouver bien naïf, je crois qu'il est dans la fonction ministérielle une vertu particulière qui détache absolument l'honnête homme des intérêts personnels pour ne lui laisser d'autre pensée que celle du service public. [...] On verra par ce qui va suivre, si j'ai été fidèle aux idées que ma vie passée pouvait donner de moi et l'on sait que je suis sorti du pouvoir aussi pauvre que j'y étais entré, sans avoir chargé le Trésor public de faire aux miens des sinécures bien rentées. En entrant à l'Hôtel de la rue de Grenelle, je dis à ceux qui m'accompagnaient que cette demeure serait pour moi une maison de verre, signifiant par là que ma vie ministérielle resterait sous tous les yeux et que je donnerai au public les motifs de toutes mes résolutions. L'Université veut être persuadée avant d'obéir. De là tant de circulaires qu'on m'a reprochées, ne voyant pas à quel corps j'avais à faire et qu'il me fallait d'abord conquérir l'opinion. »

En 1870, quelques mois après son départ du gouvernement, il tient à faire publier par l'imprimerie Jules Delalain deux épais volumes, l'un sur l'*Administration de l'Instruction publique de 1863 à 1869*, qui est le recueil de ses discours et de ses rapports à l'empereur (932 pages), et l'autre comportant ses 393 *Circulaires et instructions relatives à l'Instruction publique de 1863 à 1869* (716 pages).

Le lendemain de son entrée au ministère, Victor Duruy écrit à l'empereur : « J'ai trop étudié l'histoire pour ignorer que le pouvoir a plus d'une fois exercé une influence mauvaise sur ceux qui en détenaient une partie. Afin de prendre des précautions contre les tentations qu'il a données, je vous envoie, Sire, l'état de ma fortune et la situation de ma famille. Quand je sortirai d'ici, il sera facile à Votre Majesté de faire vérifier s'il y a été changé quelque chose. J'ai sur le Grand Livre deux mille trois cents francs de rente trois pour cent ; à peu près autant en valeurs industrielles, une maisonnette de campagne que j'ai payée vingt-cinq mille francs et une action de la Compagnie d'Orléans. J'ai parlé, j'ai écrit contre le népotisme et j'en ai vu de près les désastreux effets ; que l'Empereur me permette de lui dire quelle est ma famille : mon fils aîné (vingt-trois ans), sorti l'an dernier de Saint-Cyr [...], mon second fils concourt en ce moment pour l'École normale [...], mon gendre est professeur de rhétorique à Louis-le-Grand [...] ; mes deux autres enfants sont en bas âge. Je demande pardon à l'Empereur pour ces détails ; mais l'honneur est une partie de la force des hommes publics et me voilà assuré, après cette confession, contre les faiblesses de l'homme ou du père. »

Victor Duruy exige aussi de ses fonctionnaires une probité exemplaire. Il éconduit ceux qui lui demandent des passe-droits, même quand il s'agit des « plus gros personnages ». « Une fois, raconte-t-il, M. Guizot vint me demander une place de professeur pour son fils. Ancien ministre de l'Instruction publique, il savait bien que la loi fondamentale de l'Enseignement supérieur exigeait le doctorat pour être admis à la Sorbonne. Et M. Guillaume Guizot, n'étant que licencié, n'y pouvait être reçu. Je refusai, et tout en reconduisant M. Guizot jusqu'au-delà de mon cabinet, je me rappelai que son salon ministériel avait été tout rempli de son austérité, mais qu'à côté, dans le cabinet de son secrétaire, on trouvait au besoin beaucoup de complaisances. Tout cela n'est que misère et la rançon d'un esprit supérieur payée par de très humaines faiblesses. On en a vu bien d'autres en tout temps ; mais on aimerait à ne pas les rencontrer chez ce sévère moraliste qui avait un tel dédain pour les manœuvres d'antichambre. »

Il va *sur le terrain*, comme on dirait aujourd'hui, et sans apparat particulier : « Au ministère, je continuai ces inspections générales qui m'avaient été si utiles. Chaque année, je faisais un voyage de quelques jours pour tenir mon expérience au courant et j'avais soin de rendre compte à l'Empereur des questions étudiées et des résultats obtenus, lorsqu'il s'en était produit. [...] Je voyageais très modestement, sans secrétaire, et comme j'arrivais la plupart du temps avant qu'on sût que j'étais parti, il n'y avait pas d'entrée solennelle dans la ville, ni de coups canon tirés en mon honneur. »

Ces voyages ne plaisent pas à quelques-uns de ses collègues qui l'appellent le ministre « circulacier ». « Et moi, je disais à l'Empereur : "Faites-les circuler, Sire. À force d'entasser les dossiers sur leurs bureaux, ils perdent la vue des choses et s'enferment dans une muraille de Chine." »

L'œuvre de Victor Duruy durant ces six années au ministère est immense. Il fait ouvrir des milliers d'écoles primaires publiques pour les garçons mais aussi pour les filles, augmente notablement le traitement des instituteurs, crée un enseignement « spécial » pour les élèves se destinant aux métiers industriels, agricoles et commerciaux, organise pour les jeunes filles un enseignement secondaire public, rétablit l'agrégation de philosophie et restitue à cette discipline sa place en terminale, fonde une école d'agronomie à Paris et l'Observatoire de Montsouris, etc.

Pour l'histoire et la géographie, il engage des réformes décisives et durables. Il introduit l'histoire contemporaine, on l'a vu, en classe terminale, et il en souligne ainsi les raisons :

« Une autre mesure contribua à faire de la philosophie une classe magistrale au lycée. Nos élèves y arrivaient à l'âge de dix-huit et dix-neuf ans, bien au courant des affaires d'Athènes, de Rome et de l'Œil-de-Bœuf de Versailles, mais très ignorants des intérêts généraux de la société dont ils allaient être membres, avec des droits positifs à exercer. Je fis, comme ministre, ce que j'avais proposé comme professeur à Polytechnique ; j'instituai un cours d'histoire de la civilisation contemporaine. La proposition fut adoptée à l'unanimité par le Conseil impérial. »

En 1867, il rend l'histoire et la géographie de la France obligatoires dans l'enseignement primaire, « afin que nos élèves ne soient pas comme des étrangers dans leur pays ».

En 1868, il crée l'École pratique des hautes études, qui doit être un foyer libre de recherche et d'enseignement capable de former des « savants ». La plus originale de ses quatre sections est celle des sciences historiques et philologiques, installée à la Sorbonne, dans des salles de sa bibliothèque où l'on ne peut lever les yeux ni faire un mouvement sans voir et toucher des livres.

Jules Ferry portera en grande estime Victor Duruy, qui avait poussé loin l'idée de l'enseignement primaire obligatoire, et avait donné aux communes la possibilité de le rendre entièrement gratuit. Il s'entourera souvent de ses précieux conseils.

Il y a, me semble-t-il, beaucoup à retenir de la pensée et de l'œuvre de Victor Duruy pour redonner aujourd'hui chair et vie à l'enseignement de l'histoire-géo.

CONCLUSION

Des disciplines exigeantes et indispensables

L'histoire et la géographie ne sont pas des disciplines distractives. Un cours d'histoire ne consiste pas à raconter des histoires, même si le récit d'anecdotes révélatrices peut être le bienvenu. Un manuel de géographie n'est pas un « Guide du routard », même si le touriste peut en tirer profit pour agrémenter ses voyages.

L'histoire et la géographie exigent des élèves qu'ils mémorisent beaucoup. Dans ces disciplines, tout ou presque doit s'apprendre, rien ou presque ne peut se déduire, car ce qui s'y passe dépend de l'usage que chacun fait de sa liberté.

Faire de l'histoire, c'est étudier la façon dont les hommes ont usé de leur liberté pour affronter une situation, et cela ne se déduit pas. La déroute de nos troupes à partir du 15 mai 1940, l'exode, la demande d'armistice formulée par le maréchal Pétain expliquent l'« Appel du 18 juin », mais ne le déterminent pas. Il a fallu que s'exerçât une volonté libre, et donc imprévisible, celle de Charles de Gaulle, général à titre provisoire, tout juste nommé sous-secrétaire d'État à la Guerre, inconnu de la plupart des Français, pour qu'existât l'Appel et que fût fondée la France Libre.

Faire de la géographie, c'est étudier la façon dont les hommes usent de leur liberté pour maîtriser un milieu, et cela non plus ne se déduit pas. Le morcellement de l'archipel nippon, la place occupée par les montagnes, la fréquence des tremblements de terre, la pénurie des ressources naturelles - hormis les produits de la pêche, ne prédisposaient pas le Japon à devenir l'une des premières puissances économiques de la Planète. Il y a fallu la libre volonté d'un peuple déterminé à surmonter les handicaps de son cadre physique et à ressusciter après le désastre de 1945. Et qui ne connaît le vieux dicton hollandais selon lequel, si Dieu a créé la Terre, les Néerlandais ont créé les Pays-Bas ?

Pour comprendre, écrire et parler l'anglais, on accepte d'apprendre les règles grammaticales et les verbes irréguliers, du vocabulaire et des expressions idiomatiques, la prononciation et l'intonation. Pour faire de l'histoire, on doit accepter d'apprendre des dates et des noms, des guerres et des révolutions, des régimes et des religions, etc. Pour faire de la géographie, on doit accepter d'apprendre, pour chaque pays étudié, sa situation et sa superficie, son relief et son climat, sa population et son économie, etc.

Il faut sans doute, pour l'histoire et la géographie, comme pour les autres disciplines, réhabiliter le « par cœur ». C'est lorsqu'on a acquis une « masse critique » de connaissances sûres et précises que l'on commence à s'intéresser vraiment à une matière.

Il n'y a cependant que trois ou quatre heures de cours par semaine, au collège et au lycée, qui sont attribuées à l'histoire, à la géographie et à l'éducation civique, et les semaines consacrées à l'enseignement, durant une année scolaire, ne sont pas très nombreuses. Il faut alléger et recentrer les programmes, en tout cas les programmes d'histoire qui sont à la fois trop ambitieux et trop émiettés. Le programme d'histoire de la classe de cinquième, qui va de Mahomet à Louis XIV en passant par Calvin et le Monomotapa cher à La Fontaine (« Deux vrais amis vivaient au Monomotapa... »), ne peut être traité à raison d'une heure par semaine. Le programme d'histoire de la classe de seconde, qui va de l'installation des Celtes en Europe aux révolutions de 1848 en passant par Tenochtitlán et James Watt, ne peut être traité à raison d'une heure et demie par semaine. Le programme d'histoire de la classe de terminale L-ES, qui va de la vieille ville de Jérusalem à la gouvernance économique mondiale depuis 1944 en passant par le syndicalisme en Allemagne depuis 1875 et la guerre d'Algérie, ne peut être traité à raison de deux heures par semaine. Qui trop embrasse mal étreint. Ce que l'on gagne en extension, on le perd en compréhension. Il faut apprendre moins pour apprendre mieux.

L'histoire et la géographie sont indispensables parce qu'elles aident les élèves, au moins autant que les autres disciplines, à comprendre le monde contemporain. Cela va de soi pour la géographie qui décrit et décrypte les principaux traits physiques, humains et économiques de l'univers actuel. Cela paraît moins évident pour l'histoire qui porte sur ce qui n'existe plus. Et pourtant, les jours que nous vivons s'expliquent largement par ceux qui les ont récemment précédés et l'actualité prolonge d'autres expériences beaucoup plus éloignées dans le temps. Elle se nourrit des siècles révolus et même de toute l'aventure vécue par l'humanité jusqu'à nos jours, tandis que d'antiques civilisations, comme celles qui sont nées à Jérusalem, Athènes et Rome, persistent à vivre dans chacun d'entre nous.

L'histoire et la géographie concourent à développer en chaque élève ce que Pascal appelait « l'esprit de justesse », celui qui consiste à « pénétrer vivement et profondément les conséquences des principes ». C'est plus qu'assez pour ne pas négliger leur enseignement.

TABLE

FRANÇOIS BOURIN ÉDITEUR
DERNIÈRES PARUTIONS

Farid AMEUR, *La Guerre de Sécession*
Laurent BARAOU, Monsieur SEPTIME,
Le Guide de l'alter vin
Maurice BARRÈS, *Le Voyage de Sparte*
Jean-Léon BEAUVOIS, *Les Influences sournoises*
Philippe BENASSAYA, *Les Années Giscard*
Albert BENSOUSSAN, *Ce que je sais de Vargas Llosa*
Gérald BLONCOURT, *Peuples de gauche*
Jean BOTHOREL, *Requiem pour les Français*
Jean-Éric BOULIN, *La Traversée du Printemps*
Hélène BRAVIN, *Kadhafi*
Jean-Paul BRIGHELLI, *La Société pornographique*
Francis BROCHET, *Inventaire après rupture*
Thomas CANTALOUBE, *Les États-Désunis d'Obama*
Éliane CARIOU, *Les seniors sont sexy*
Dimitri CASALI, Céline BATHIAS,
L'Histoire de France racontée par le cinéma
Jean Pierre CETON, *Entretiens avec Marguerite Duras*
Philippe CHALMIN, *Demain, j'ai 60 ans*
Philippe CHEVALLIER, *Être soi*
Francis CHEVRIER, *Notre gastronomie est une culture*
Pasteur François CLAVAIROLY,
Grand rabbin Haïm KORSIA, *Paroles d'alliance*
Jean CLÉDER, *Michael Lonsdale*
Barthélémy COURMONT, *L'Après-Ben Laden*
Jean-Marc DANIEL,
– *Le Socialisme de l'excellence*
– *Ricardo, reviens ! Ils sont restés keynésiens*
Chantal DELSOL, *Penser le présent*
Gabrielle DÉRAMAUX, *Collège inique (ta mère !)*
Nicolas DOUCERAIN,
Ma petite entreprise a connu la crise

Mohamed DOUHANE, *La Délinquance des mineurs*
Gyaltsen DRÖLKAR, *L'Insoumise de Lhassa*
Alexandre DUMAS, *Midi de la France*
Bernard-Marie DUPONT,
D'un prétendu droit de mourir par humanité
Alain DUREL,
– *Et Jésus marcha sur le Gange*
– *Petits conseils célestes sur le bonheur*
Isabelle EBERHARDT, *Notes de route*
Gustave FLAUBERT, Maxime DU CAMP,
Par les champs et par les grèves
Georges FLEURY, *Nous, les combattants d'Indochine*
Jean-Christophe FROMANTIN,
– *Mon village dans un monde global*
– *Le Temps des territoires*
Gilles FUMEY, *Les Radis d'Ouzbékistan*
Samuele FURFARI, *L'Écologie au pays des merveilles*
Gilles GAETNER, *La Corruption en France*
Tristan GARCIA, *Nous, animaux et humains*
Yvon GATTAZ, *L'Entreprise et les jeunes*
Frédéric GEORGES-TUDO, *Salauds de riches !*
Gaëlle GUERNALEC-LEVY,
– *Appartement 24*
– *Jamais dans ce lycée*
Marion GUILLOU, Gérard MATHERON,
9 milliards d'hommes à nourrir
Victor HUGO, *Le Rhin, lettres à un ami*
Emmanuel JAFFELIN, *Petit Éloge de la gentillesse*
Thomas JAMET, *Ren@issance mythologique*
Paul JOB, *Ma femme m'a plumé*
Ganaël JOFFO, *Ma princesse au petit poids*
Christophe JUAREZ, *France, ton vin est dans le rouge*
Liliane KERJAN, *Ce que je sais d'Arthur Miller*
Paola de LA BAUME, Emmanuel GIANNESINI,
Dictionnaire impertinent du politique
Jean-Daniel LALAU, *En finir avec les régimes*

Hubert LANDIER,
18 bonnes raisons de détester son entreprise
Pascal LARDELLIER, *Les Réseaux du cœur*
Pierre LASSUS, *La Violence en héritage*
Bruno LÉANDRI, *On enterre bien les Dinky Toys*
Emmanuel LEMIEUX, *Tony, 1942*
Myriam LEVAIN, Julia TISSIER,
La Génération Y par elle-même
Jacobo MACHOVER, *Raúl et Fidel*
Sozerko MALSAGOV, Nikolaï KISSELEV-GROMOV,
Aux origines du goulag
Olivier MARION, *Louis XVI a perdu la tête*
Jean-Louis MARZORATI, *Les Années de Gaulle*
Guy de MAUPASSANT, *La Vie errante* suivi de *Sur l'eau*
Julien MIGNOT, *Tu ne me battras plus*
Marie-Odile MONCHICOURT,
Emmanuelle GRUNDMANN, *Ingénieuse nature*
Edgar MORIN, *Ma gauche*
Yumma MUDRA, *La voie qui danse*
Gyuri NEMES, François de Witt,
Votre argent a besoin de vous
Philippe NEMO, *La France aveuglée par le socialisme*
Paul-François PAOLI,
– *La Tyrannie de la faiblesse*
– *Pour en finir avec l'idéologie antiraciste*
Corine PELLUCHON, *Comment va Marianne ?*
Valérie PIAU, *Les Droits de l'élève*
Jean-Robert PITTE, *Orientation pour tous*
Jean-Michel QUATREPOINT, *Mourir pour le yuan ?*
Robert REDEKER, *L'Emprise sportive*
Serge REYNAUD, *Bonne nouvelle, c'est la police !*
Olivier ROLLER, Emmanuel LEMIEUX,
Une journée particulière
Patrice ROMAIN,
– *Journal de bord d'un directeur d'école*
– *Chroniques d'un pompier volontaire*

Christian SAINT-ÉTIENNE,
– *La Fin de l'euro*
– *L'État et votre argent*
Philippe-Joseph SALAZAR,
– *Paroles de leaders*
– *De l'art de séduire l'électeur indécis*
Amir SAMOUR, *Journal de l'amertume*
Marlène SCHIAPPA, *Éloge de l'enfant roi*
Daniel Salvatore SCHIFFER, *Le Dandysme*
Antoine SCHWARZ, *L'Unité cachée*
Andreï SOLDATOV, Irina BOROGAN,
Les Héritiers du KGB
Jean-Luc TOULY, *Le Vrai Pouvoir d'un citoyen*
Laurence UBRICH, *Les Nouveaux Parents*
Charles WRIGHT, Dom Michel PASCAL,
À quoi servent les moines ?
Salomé ZOURABICHVILI, *L'Exigence démocratique*

Achevé d'imprimer en juillet 2012
sur les presses du Groupe Horizon
200 avenue de Coulin
13420 Gémenos-F

N° d'impression : 1207-057

Dépôt légal : août 2012

Imprimé en France

ISBN : 978-2-84941-334-0
752 453.2